MATTHIAS SCHMIDT-KLÜGMANN

Das Bewußtsein der Fremdexistenz als
Voraussetzung für ein Unrechtsbewußtsein

Schriften zum Strafrecht

Band 23

Das Bewußtsein der Fremdexistenz als Voraussetzung für ein Unrechtsbewußtsein

Eine strafrechtlich-rechtsphilosophische Untersuchung

Von

Dr. Matthias Schmidt-Klügmann

DUNCKER & HUMBLOT / BERLIN

Alle Rechte vorbehalten
© 1975 Duncker & Humblot, Berlin 41
Gedruckt 1975 bei Buchdruckerei Bruno Luck, Berlin 65
Printed in Germany
ISBN 3 428 03327 2

Inhaltsverzeichnis

Einleitung:

Die Relevanz der Intersubjektivität für die Frage nach den Voraussetzungen des Unrechtsbewußtseins 9

1. Die Rechtsprechung des BGH und die sich aus ihr ergebenden Fragen   10
2. Der Verbotsirrtum als besonderer Fall der Schuldlehre   11
3. Der Verbotsirrtum im Streit der Vorsatz- und Schuldtheorie   16
4. Das Unrechtsbewußtsein in der Strafrechtswissenschaft   17
   a) Das Unrechtsbewußtsein vom Standpunkt des Methodendualismus am Leitfaden der Argumentation Kaufmanns   17
   b) Die Behandlung der Fragen nach der Bewußtseinsform des Unrechtsbewußtseins und nach dem Wesen der Vermeidbarkeit durch Rudolphi   22
5. Zur Erfassung des Unrechtsbewußtseins vom Standpunkt der materialen Wertethik   24
6. Die Notwendigkeit einer Analyse der Intersubjektivität für die Frage nach dem Unrechtsbewußtsein   25

A. Das in den Tatbeständen des Besonderen Teils des StGB vorausgesetzte Verhältnis der Individuen zueinander   28

1. Das Verhältnis des einen zum anderen in den Straftatbeständen im allgemeinen; das Problem des Rechtsgutes   28
2. Das Verhältnis des Täters zum Opfer bei einzelnen Delikten   33
   a) Das Verhältnis des Täters zum Opfer bei den Delikten der ersten Gruppe (Diebstahl u. a.)   34
   Exkurs zum Verhältnis zwischen Sachherrschaft und Berechtigung   36
   b) Das Verhältnis des Täters zum Opfer bei den Delikten der zweiten Gruppe (Totschlag u. a.)   37
   c) Das Verhältnis zwischen Täter und Opfer bei den Delikten der dritten Gruppe (Raub u. a.)   40
   d) Das Verhältnis zwischen Beleidiger und Beleidigtem   41

B. Das Verhältnis des einen zum anderen bei Kant, Heidegger und Sartre   43

1. Die Autonomie des Menschen in der Kantischen Philosophie   44
2. Das Seinsverhältnis der Bewußtseinsindividuen untereinander nach Heideggers Fundamentalontologie   52
   a) Das Mitsein bei Heidegger   53
   b) In-der-Welt-sein und Mitsein   58

3. Die Analyse der Intersubjektivität bei Sartre 62
   a) Die phänomenologische Analyse des Blickes 63
   b) Kritik an Sartres Modell 64
   c) Das Für-Andere-Sein bei Sartre 67
   d) Die Bedingung der Möglichkeit, als In-der-Welt-sein gesehen zu werden 69
   e) Die Rolle des Dritten 71
   f) Das „Du" und das „Er"; das Rechtsbewußtsein 72

C. **Folgerungen aus dem Interaktionsverhältnis für das Unrechtsbewußtsein** 74

   1. Das Unrechtsbewußtsein als eine Weise der Selbstbestimmung 74
   2. Unrechtsbewußtsein und Vorsatz; die Möglichkeit des Verbotsirrtums 76
   3. Die Möglichkeit des verschuldeten und des unverschuldeten Verbotsirrtums 82

Literaturverzeichnis 85

Abkürzungsverzeichnis

a. A.	anderer Ansicht
ARSP	Archiv für Rechts- und Sozialphilosophie
AT	Allgemeiner Teil
BGH	Bundesgerichtshof
BGHSt	Entscheidungen des Bundesgerichtshofes in Strafsachen
BGHZ	Entscheidungen des Bundesgerichtshofes in Zivilsachen
BT	Besonderer Teil
DAR	Deutsches Autorecht, hgg. v. D. Automobilclub
Diss.	Dissertation
DJT	Deutscher Juristentag
DRiZ	Deutsche Richterzeitung
DStR	Deutsches Strafrecht
E 60	Entwurf eines Strafgesetzbuchs mit Begründung, Bonn 1960
GA	Goltdammers Archiv für Strafrecht
Hdb.	Handbuch
h. M.	herrschende Meinung
JR	Juristische Rundschau
JZ	Juristenzeitung
KrdrV	Kritik der reinen Vernunft
LK	Strafgesetzbuch, Leipziger Kommentar. Begrundet von Ebermayer, Lobe, Rosenberg, hgg. v. Jagusch und Mezger, 8. Aufl. 1957/58
LM	Lindenmayer/Möhring: Nachschlagewerk des Bundesgerichtshofs
MDR	Monatsschrift für Deutsches Recht
MdS	Metaphysik der Sitten
Med. Sachv.	Der Medizinische Sachverständige
Monschrft. f. Krim.	Monatsschrift für Kriminologie und Strafrechtsreform
NJW	Neue Juristische Wochenschrift
OGH	Entscheidungen des Obersten Gerichtshofes für die Britische Zone

ÖJZ	Österreichische Juristen-Zeitung
Rdnr.	Randnummer
RG	Reichsgericht
RGSt	Entscheidungen des Reichsgerichts in Strafsachen
RuS	Recht und Sein
SJZ	Süddeutsche Juristenzeitung
StGB	Strafgesetzbuch
Strafrechtl. Abh.	Strafrechtliche Abhandlungen
StrR	Strafrecht
ZStW	Zeitschrift für die gesamte Strafrechtswissenschaft
Ztsch. f. die ges. Neur. u. Psych.	Zeitschrift für die gesamte Neurologie und Psychiatrie

Paragraphen ohne Gesetzesangabe sind solche des Strafgesetzbuches.

Einleitung

Die Relevanz der Intersubjektivität für die Frage nach den Voraussetzungen des Unrechtsbewußtseins

So umfangreich das juristische Schrifttum zu der wohl bekanntesten und bedeutendsten Entscheidung des BGH, der Entscheidung vom 18. 3. 52 über den Verbotsirrtum — BGHSt 2, 194 - 212 — ist[1], so wenig ist es gelungen, sie in ihrem Inhalt und in ihren Gründen begrifflich zu erfassen und einer wissenschaftlichen Überprüfung zugänglich zu machen. Es hat den Anschein, als gingen das der Entscheidung zugrunde liegende Problem und die sprachlichen Wendungen, mit denen das Gericht das Problem zu lösen versucht, über den juristischen Begriffsapparat und die juristische Methodik hinaus. In der Tat konfrontiert der Verbotsirrtum den Juristen unmittelbar mit der grundsätzlichen Frage nach dem Verhältnis des Individuums zur Rechtsordnung. Mag sich die Frage, was im Einzelfall rechtens ist, in der Regel aus der Rechtsordnung ableiten lassen, ohne daß der eigene Standpunkt der Rechtsordnung gegenüber reflektiert zu werden braucht, so wird hier dem Juristen die Reflexion über sein Verhältnis zum Recht nicht nur deshalb abgenötigt, weil der Inhalt des Rechts zweifelhaft ist, sondern vor allem deshalb, weil Gegenstand seiner Bewertung das Verhältnis des Täters zum Recht ist, und ihm dieses, wenn überhaupt, nur über sein eigenes Verhältnis zum Recht erschlossen werden kann.

Obwohl die genannte Entscheidung allgemein bekannt ist, soll sie kurz und zum Teil wörtlich referiert werden, um die für uns wichtigen Formulierungen herauszustellen.

---

[1] Außer, daß jedes Lehrbuch des Allgem. Teils des Strafrechts und jeder Kommentar zu § 59, die nach Veröffentlichung der Entscheidung geschrieben wurden, zu ihr Stellung nehmen, beschäftigen sich u. a. folgende Autoren unmittelbar mit der Entscheidung: *Engisch*, Einf. in die Rechtswiss., S. 150; *Bindokat*, JZ 53, 71 ff.; *Gillessen*, Unr. Bew., S. 42 ff.; *Hartung*, JZ 55, 663 ff.; Arth. *Kaufmann*, JZ 54, 653; *Küchenhoff*, Verb. Irrtum; *Kraushaar*, Gewissen; *Lang-Hinrichsen*, JR 52, 302 - 307; 356 - 358; H. *Mayer*, MDR 52, 392; *Mattil*, ZStW 74, 201 ff.; *Lindner*, NJW 60, 657 ff.; Werner *Schneider*, Verbotsirrtum; *Schröder*, MDR 53, 70 ff.; *Schwarz*, NJW 55, 526; *Salm*, ZStW 69, 522 ff.; *Welzel*, JZ 52, 340 ff. In größerem Rahmen beschäftigen sich mit der Entscheidung: *Mangakis*, Unrechtsbewußtsein; Arth. *Kaufmann*, Schuldprinzip, vgl. S. 15; *Rudolphi*, Unrechtsbewußtsein, insbes. S. 74 ff.

1. Die Rechtsprechung des BGH und die sich aus ihr ergebenden Fragen

Im Ergebnis hat der BGH zweierlei entschieden:

Erstens: Der Verbotsirrtum ist im Strafrecht grundsätzlich zu beachten.

Zweitens: Der Verbotsirrtum kann verschuldet oder unverschuldet sein.

Zur Begründung führt der BGH aus, Strafe setze Schuld voraus. Der innere Grund des Schuldvorwurfes liege darin, „daß der Mensch auf freie, verantwortliche, sittliche Selbstbestimmung angelegt und deshalb befähigt" sei, „sich für das Recht und gegen das Unrecht zu entscheiden" (S. 200). Deshalb sei er „auch jederzeit in die verantwortliche Entscheidung gerufen, sich als Teilhaber der Rechtsgemeinschaft rechtmäßig zu verhalten" (S. 201). Das Bewußtsein, Unrecht zu tun, könne aber im Einzelfall fehlen, weil der Täter die Verbotsnorm nicht kennt oder verkennt. Er sei dann nicht in der Lage, sich gegen das Unrecht zu entscheiden. Mängel im Wissen seien aber bis zu einem gewissen Grade behebbar. Unverschuldet sei der Verbotsirrtum nur dann, wenn der Täter „trotz der ihm zuzumutenden Anspannung des Gewissens die Einsicht in das Unrechtmäßige seines Tuns nicht zu gewinnen vermochte" (S. 201). Zweifel habe er durch Nachdenken oder Erkundigung zu beseitigen.

Das Maß der erforderlichen Anspannung des Gewissens richte sich nach den Umständen des Falles, nach Lebens- und Berufskreis des einzelnen.

Das Bewußtsein der Rechtswidrigkeit setze nicht Kenntnis der Strafbarkeit oder Kenntnis der Strafrechtsnorm voraus; auf der anderen Seite sei die Kenntnis der sittlichen Verwerflichkeit nicht ausreichend, sondern der Täter müsse in einer seiner Gedankenwelt entsprechenden allgemeinen Wertung das Unrechtmäßige der Tat erkannt haben oder bei gehöriger Gewissensanspannung habe erkennen können.

Mit dieser Entscheidung setzt sich der BGH von der Rechtsprechung des Reichsgerichts ab, das den Verbotsirrtum stets als verschuldet ansah, sofern der Täter sich in einem Irrtum über eine Strafrechtsnorm befunden hat. Der BGH führt dazu aus, daß diese Rechtsprechung des RG ihre Berechtigung hatte „in den politisch und sozial ausgeglichenen Verhältnissen der 2. Hälfte des 19. Jahrhunderts. In Zeiten dagegen, in denen das Gefüge des staatlichen und sozialen Lebens in seinen Grundfesten erschüttert oder geradezu umgestaltet wird, trifft dies nicht zu. Hier werden die oft richtunggebenden Werte durch das Erlebnis der Vergänglichkeit der auf ihnen beruhenden Ordnungen und durch die

Ansprüche der um die Macht ringenden Gewalten verdunkelt. Was Recht und Unrecht ist, ist nicht mehr selbstverständlich. Damit eröffnet sich die Möglichkeit des Verbotsirrtums, und zwar auch des unverschuldeten" (S. 202/3).

Die Rechtsfolge des Verbotsirrtums ist nach dieser Entscheidung folgende: Der unverschuldete Verbotsirrtum schließt die Schuld aus, da zur Schuld die Möglichkeit des Bewußtseins der Rechtswidrigkeit gehört. Der verschuldete Verbotsirrtum führt zur Strafbarkeit wegen vorsätzlicher Tatbegehung. Die Strafe kann aber gemildert werden[2].

An dieser Entscheidung hat der BGH festgehalten und sie nur in Einzelfragen ergänzt[3].

Bei der Lektüre dieser Entscheidung drängen sich folgende Fragen auf, die in der rechtswissenschaftlichen Literatur nicht behandelt worden sind, die aber für ein wissenschaftliches Erfassen des Problemkreises erörtert und einer Beantwortung zugeführt werden müssen:

Wenn der Mensch auf freie, verantwortliche, sittliche Selbstbestimmung „angelegt" ist, was bedeutet dann dieses „Angelegtsein" für seine faktische Existenz im Hinblick auf die unbezweifelbare Tatsache, daß Verbotsirrtümer möglich sind?

Was ist unter „Unrechtsbewußtsein" zu verstehen, wenn es durch „Gewissensanspannung" soll beschafft werden können? Was umschreibt der Begriff der „Gewissensanspannung"? Haben die politischen und sozialen Verhältnisse auf die Möglichkeit der Selbstbestimmung des Menschen Einfluß?

Diese Fragen sollen zunächst in den Rahmen der Schuldlehre gestellt werden.

2. Der Verbotsirrtum als besonderer Fall der Schuldlehre

Schuld, so wie sie im Strafrecht verstanden wird, tritt in den verschiedensten Formen auf, von denen der verschuldete Verbotsirrtum nur eine ist.

Beim vorsätzlichen Grunddelikt kennt der voll zurechnungsfähige Täter alle Tatbestandsmerkmale und weiß, daß seine Handlung ver-

---

[2] Daher ist es nicht richtig, wenn *Mattil* meint, das „haben" (des Unrechtsbewußtseins, d. Verf.) werde dem „hätte haben können" gleich geachtet (S. 202), zumal zur Frage, ob die Strafe gemildert werden soll, der Tatrichter in jedem Fall Stellung nehmen muß. Für eine obligatorische Strafmilderung *Warda*, Verbotsirrtum.

[3] Vgl. z. B. BGHSt 22, 223 zur Frage des Verschuldens bei Handeln auf Befehl; BGHSt 5, 116; 4, 352 bei fälschlicher Information durch einen Rechtskundigen; BGHSt 3, 366; 4, 237 zu den an den Täter zu stellenden Anforderungen. Wir erörtern die Einzelfragen nur, soweit sie für die Klärung der Grundsätze herangezogen werden können.

boten ist. An seiner Schuld scheint kein Zweifel zu bestehen. Spontan werfen wir ihm seine Tat vor. Wir sagen, er hätte die Tat nicht begehen dürfen. Aber gerade diese Diskrepanz zwischen dem Urteil, der Täter hätte das nicht tun dürfen und der Tatsache, daß er es doch getan hat, macht die Problematik der Schuld aus. Offenbar wird zur Bildung des Schuldurteils die Tat hypothetisch negiert. Der Urteilende stellt sich den Geschehensablauf, in dessen Rahmen die Tat stattgefunden hat, ohne die Tat vor und vergleicht diese Vorstellung mit dem wirklichen Ablauf.

Diese Negation ist das Problem strafrechtlicher Wertung insbesondere im Vergleich zu einer anderen Haltung dem Geschehen gegenüber, nämlich der kausalen Erklärung, die dieser Negation nicht bedarf.

Was hier beim Grunddelikt negiert wird, ist der gesamte Handlungskomplex. Der Täter (verstanden als homo phaenomenon) wird von der Negation erfaßt als ein solcher, der den Erfolg wollte oder mindestens in Kauf nahm und er wird verglichen mit einem hypothetischen Individuum (homo noumenon), das den Erfolg nicht wollte und auch nicht verursachte. Ebenso negiert werden die Handlung selbst und der Erfolg, die nicht hätten geschehen dürfen. Sie werden in bezug zum Täter gesehen als von ihm gewollt oder gebilligt und ihm daher „zuzurechnen".

Die Verbindung des Täters zum Erfolg wird vor allem im Willen des Täters gesehen; Schuld wird definiert als Willensschuld[4]. Aber damit ist noch nicht der Bereich menschlicher Existenz vom Schuldbegriff erfaßt, den der BGH mit der Formulierung meinte, der Mensch sei „auf freie, verantwortliche, sittliche Selbstbestimmung angelegt". Außer, daß der vorsätzlich Handelnde den Erfolg will, steht er noch in einem bestimmten Verhältnis zu diesem seinem Willen. Er ist ihm nicht schlechthin ausgeliefert, sondern er kann ihn billigen, ablehnen oder ihm ambivalent gegenüberstehen.

Diese Beziehung des Täters zu seiner Tat ist jedoch bei dem vorsätzlichen Grunddelikt nicht Gegenstand des Urteils. Sie bleibt unthematisch, wird nicht ausdrücklich zum Gegenstand der Untersuchung oder Wertung. Es wird nicht gesagt, welcher Art diese Beziehung ist. Sie wird als Grundlage für das Schuldurteil als Hypothese, als eine konstante Unbekannte angenommen.

Die Grundlage der Beziehung zwischen Täter und Tat wird allerdings dort zweifelhaft, wo es um die Anwendung des § 51 StGB geht. Dort besteht Anlaß, bestimmte Mängel in der Täter-Tat-Beziehung zu vermuten. Wie allgemein der Normalfall durch nicht genau greifbare Abweichungen zum Problem wird, so rückt das nicht voll verantwortlich

---

[4] So die ganz h. M. vgl. Arth. *Kaufmann,* Schuldprinzip, S. 149 ff., *Maurach,* AT., S. 415, *Rudolphi,* Unrechtsbewußtsein, S. 5.

2. Der Verbotsirrtum als besonderer Fall der Schuldlehre

begangene Delikt die Probleme des Deliktes eines voll verantwortlichen Täters in den Blick. Die freie, verantwortliche, sittliche Selbstbestimmung des Menschen wird anläßlich der Normabweichung überhaupt in Frage gestellt. Im einzelnen ergeben sich etwa folgende Fragen:

Setzt die Schuld Willensfreiheit voraus[5]? Läßt sich diese im Einzelfall feststellen[6]? Muß oder kann sie vermutet werden[7]? Muß die Handlung in einem „Sinnzusammenhang" stehen[8]? Ist allein der Krankheitswert einer psychischen Störung für die Frage der Verantwortlichkeit entscheidend[9]? Wer entscheidet über den Krankheitswert[10]? Alles das sind Fragen, welche die Grundlagen der Bewertung der Tat als einer schuldhaft begangenen betreffen.

Bei § 51 schließt der Mangel die Schuld aus. Er hat für die Rechtsfolge „Strafe" nur negative Wirkung. Da die Strafe, eine Belastung des einzelnen, nur eintreten darf, wenn man sich ihrer Voraussetzungen versichert hat, genügt für die Straflosigkeit — die negative Wirkung

---

[5] Im Grundsatz bejahend u. a. *Rudolphi*, S. 13 ff.; Arth. *Kaufmann*, Unr.Bew., S. 113 ff.; *Mangakis*, ZStW 75, 503; *Mezger*, Willensfreiheit; *Schwalm*, MDR 60, 557 ff.; in der jur. Lit. ganz h. M. vgl. *Nowakowski*, Vorwort zur 1. Aufl. von *Danner*, Gibt es einen freien Willen?; a. A. Fritz *Bauer*, Das Verbrechen und die Gesellschaft; A. *Mergen*, Die Wissenschaft vom Verbrechen, S. 217 ff.; *Nowakowski*, Rittlerfestschrift 1957, S. 55 ff.; *Engisch*, Die Lehre von der Willensfreiheit, S. 44 ff.; *Kadecka*, ÖJZ 1953, S. 337 ff.; *Sarstedt*, Die Justiz 1962, S. 115.

[6] Verneinend u. a. *Rudolphi*, S. 22 ff.; Kurt *Schneider*, Beurt. d. Zurechnungsfähigkeit, S. 21/22; *Haddenbrock*, ZStW 75, 463; de *Boor*, Über motivisch unklare Delikte, a. A. *Kohlhaas*, Med. Sachv. 56, S. 123; *v. Baeyer*, Der Nervenarzt 28, S. 337.

[7] Auf eine Vermutung der Willensfreiheit im Einzelfall läuft die Lösung von *Maurach* hinaus (AT, S. 426), den Grundsatz: „Du kannst, denn du sollst" als eine Prozeßregel anzusehen. Ähnlich *Jescheck*, Lehrb., S. 305/6. Nach *Mezger* muß die Willensfreiheit im Einzelfall vermutet werden, da es einerseits im Strafrecht auf das individuelle „anders handeln können" ankomme, wir dieses aber im empirischen Bereich nicht zu entscheiden vermögen (Lehrbuch, S. 251 bis 254, Willensfreiheit; Typenproblem, S. 23 - 25; vgl. dazu *Lange* im Leipziger Kommentar Rdnr. 4 - 11 zu § 51 mit weiteren Nachweisen).

[8] So die phänomenologische Schule in der Psychiatrie, vgl. insbes. *Jaspers*, Allgem. Psychopathologie; K. *Schneider*, Ztschr. für d. ges. Neur. u. Psych. 75, 323 ff.; vgl. auch *Mezger*, Das Verstehen; K. *Schneider*, Klinische Psychopathologie, S. 8/9.

[9] So vor allem die Rechtsprechung, vgl. BGH 4 StR 214/59 vom 29. 7. 1959, zit. bei *Haddenbrock*, ZStW 75, 471; LG Dortmund NJW 62, 1779; BGH LM 10; Strafgesetzentwurf 1960, vgl. dazu ablehnend *Thomae*, Mschrift. f. Krim. 44, 117 ff.

[10] Für die richterliche Kompetenz die h. M. in der jur. Lit., vgl. BGHSt 7, 238; 8, 118; BGH 2 StR 491/51, vom 23. 11. 51, zit. bei *Haddenbrock*, ZStW 75, 465 f.; BGHZ in NJW 61, 2061; *Sarstedt*, S. 114; 117; vgl. auch *Lange*, Krankheitsbegriff. Für die Kompetenz des med. psych. Sachverständigen die med. Lit. vgl. *Haddenbrock*, ZStW 75, 476; *v. Baeyer*, S. 337. Zweifelnd *Leferenz*, S. 2: Zurechnungsfähigkeit sei ein „psychopathologisch-normativer Bastardbegriff".

des Mangels — schon die Möglichkeit seines Vorliegens. Es ist bisher auch nicht gelungen, diesen Mangel genauer zu konkretisieren. Es wird aber im Rückschluß deutlich, daß bei der Schuld eine bestimmte Beziehung zwischen Täter und Erfolg gegeben sein muß, die in der finalen Willensbeziehung noch nicht erfaßt ist.

Bei den übrigen Schuldformen (Fahrlässigkeitstat und verschuldeter Verbotsirrtum) aber liegt ein ganz bestimmter Mangel dieser Täter-Tat-Beziehung, freilich ein Mangel anderer und geringerer Folge, vor. Die Eigenart und Besonderheit ihrer Schuldbegründung muß deswegen als Versuch der Überwindung dieses Mangels verstanden werden.

Bei der Fahrlässigkeitstat tritt als Folge einer Handlung ein Erfolg ein, den der Täter nicht vorhergesehen und gewollt hat. Die Beziehung des Täters zum Erfolg weist einen Mangel auf. Der Täter ist einem fahrlässig verursachten Erfolg nicht so nahe wie einem gewollten. Er erlebt jenen nicht in gleicher Weise als eigenen wie diesen. Andererseits ist der Erfolg ihm aber auch nicht ganz fremd. Sogar in Fällen, in denen eine Fahrlässigkeitsschuld nicht vorliegt, weiß der Täter sich zumindest als Ursache für den Erfolg. Er muß dazu Stellung beziehen.

Mangel und Erfolg hängen in der Weise zusammen, daß mit dem Mangel in der Täter-Erfolg-Beziehung für das schädigende Ereignis auch die Bedeutung entfällt, „Erfolg" zu sein. Daher präzisiert sich hier die negierende Betrachtung auf den Mangel. Grundlage der Wertung der Tat als einer fahrlässig begangenen ist die Negation des Mangels: dem Täter wird ein positives Wissen, das er nicht hatte, vom Urteilenden hinzugedacht und es wird angenommen, daß er ohne den Mangel im Wissen sich so verhalten hätte, daß der schädigende Erfolg nicht eingetreten wäre.

Diese gedankliche Operation ist nicht die gleiche wie bei der vorsätzlichen, mit Unrechtsbewußtsein begangenen Tat. Dort wird nur eine Wirklichkeit negiert und mit einer hypothetischen verglichen. Hier wird ein Mangel negiert. Dafür muß eine Wirklichkeit konstituiert werden.

Der Fahrlässigkeitsvorwurf betrifft konkret den Mangel. Es wird dem Täter seine mangelnde Übersicht über die Gesamtsituation als einer solchen, die die Möglichkeit von Rechtsgutsverletzungen in sich trägt, vorgeworfen.

Auch hier wird die freie, verantwortliche, sittliche Selbstbestimmung des Täters zum Problem. Offenbar weist auch sie, jedenfalls im Zeitpunkt der Tat, einen Mangel auf. Der nicht gewollte Erfolg gehört gerade nicht zum Bereich bewußter Selbstverwirklichung des Täters

2. Der Verbotsirrtum als besonderer Fall der Schuldlehre

und greift dennoch — in der Regel — viel einschneidender in sein gesellschaftliches Dasein ein, als der mit der Handlung verfolgte Zweck.

Auch hier müßte also für das Erfassen dessen, was die Schuld des fahrlässig handelnden Täters ausmacht, auf das Problem der Selbstbestimmung des Menschen in Hinsicht auf das Grundverhältnis des einen zum anderen zurückgegriffen werden.

Ähnlich liegt es beim Verbotsirrtum. Hier liegt der Mangel der Täter-Tat-Beziehung in der Wertung der Handlung durch den Täter selbst bezüglich ihrer Rechtmäßigkeit. Hätte er sie als rechtswidrig erkannt, dann hätte er sie nicht begangen (wovon jedenfalls auszugehen ist). Das Gemeinsame mit der Fahrlässigkeitstat besteht darin, daß ein bestimmter Bewußtseinsinhalt, ein psychischer Tatbestand, fehlt, der entscheidend ist für die Täter-Tat-Beziehung. Gerade in dem Fehlen liegt das Problem.

Hier kommen wir auf die eingangs im Anschluß an die BGH-Entscheidung formulierten Fragen zurück: Die Behauptung, der Täter hätte Unrechtsbewußtsein haben können, kann in ihrer Bedeutung nur erkannt und auf ihre Richtigkeit hin nur überprüft werden, wenn zum einen die Voraussetzungen für ein Unrechtsbewußtsein geklärt sind, zum anderen, wenn man weiß, was Unrechtsbewußtsein seinem Wesen nach ist und was zu seiner Erlangung zu tun ist. Von einer Klärung dieser Fragen hängt ein Verständnis der freien, verantwortlichen, sittlichen Selbstbestimmung des Menschen ab.

Der Unterschied zum fahrlässigen Delikt und gleichzeitig die Besonderheit des Verbotsirrtums liegt darin, daß hier die Bewertung der Handlung im grundsätzlichen Verhältnis des einzelnen zur Gemeinschaft als einer rechtswidrigen fraglich ist. Es wird deswegen beim Verbotsirrtum das Problem ausdrücklich, wie sich die richterliche Bewertung der Handlung als einer rechtswidrigen gegenüber der gegenteiligen des Täters legitimieren läßt. Das ist nicht nur die Frage, welche Wertung richtig ist. Diese Frage ist nicht einmal die wichtigste. Sie soll auch im Folgenden nicht behandelt werden. Wir untersuchen die Frage, mit welcher Berechtigung gesagt werden kann, der Täter hätte das Unrecht der Tat zur Zeit der Tat erkennen können und erkennen sollen, die Fragen also, ob diese Aussage schlechthin unmöglich und unsinnig ist, ob sie in irgendeiner Weise nachprüfbar ist oder eine bloße Behauptung bleibt. Die Frage nach dem inhaltlich richtigen Recht klammern wir aus, soweit das möglich ist.

Damit begehen wir keinen methodischen Fehler, im Gegenteil: die Frage nach den Voraussetzungen der Wertung der Handlung durch den Täter ist mit der Frage nach dem richtigen Inhalt der Wertung gleichrangig; denn sofern Rechtmäßigkeit „richtiges praktisches Verhältnis zum andern" bedeutet, kann es von der Struktur des Bewußtseins nicht unabhängig sein. Das Dasein des sich selbst bewußten, rechtmäßig Handelnden setzt vor jeder speziellen Wertung voraus, daß ihm Verbotensein Gegenstand des sein Dasein konstituierenden Bewußtseins werden kann. Und Recht wird sich nicht unabhängig von diesem Dasein bestimmen lassen.

3. Der Verbotsirrtum im Streit der Vorsatz- und Schuldtheorie

Diese Frage nach der Struktur des Unrechtsbewußtseins und nach seinen Voraussetzungen wird vom strafrechtsdogmatischen Theorienstreit beim Verbotsirrtum in keiner Weise berührt.

Das Strafrecht hat zu ermitteln, wann eine Handlung bestraft werden muß. Nach seinen Lehren geht man dabei so vor, daß man zuerst prüft, ob eine Tat begrifflich formal unter einen Tatbestand subsumiert werden kann, ob die Tat rechtswidrig ist und dann, ob sie schuldhaft begangen ist. Ist die Tat als im Verbotsirrtum begangen klassifiziert worden, so ist noch nicht viel für die Schuldbegründung beigebracht. Welcher Theorie man auch immer folgt: in jedem Fall muß noch in vollem Umfang die Frage nach der Schuld geprüft werden. Es muß demnach als Voraussetzung dafür die Möglichkeit schuldhafter Tatbegehung dargelegt werden, und das bedeutet hier die Möglichkeit der Verbotskenntnis.

Nun wird, je nachdem, ob die Unterschiede zu oder die Gemeinsamkeiten mit dem Fahrlässigkeitsdelikt Bedeutung gewinnen, eine Schuld- oder eine Vorsatztheorie vertreten. Die Anhänger einer der Vorsatztheorien haben mit der Klassifizierung der Tat als einer im Verbotsirrtum begangenen über die strafrechtliche Schuld nur in den Fällen entschieden, in denen die fahrlässige Tatbegehung nicht unter Strafe steht. Nur dann ist es eine Feststellung der Straflosigkeit überhaupt. In den übrigen Fällen tritt die von uns entwickelte Fragestellung in vollem Umfang bei der Frage auf, ob Fahrlässigkeit vorliegt.

Nach den Schuldtheorien ist der Verbotsirrtum von noch geringerer Bedeutung. Auf die Tatbestandsmäßigkeit und Rechtswidrigkeit hat er gar keinen Einfluß. Auf die Frage, ob die Tat schuldhaft begangen ist, gibt er auch keine unmittelbare Antwort, denn es ist hier wie in jedem anderen Fall auch zwischen schuldhafter und nicht schuldhafter Tatbegehung zu unterscheiden. Das Ergebnis der Erkenntnis, eine Tat sei im Verbotsirrtum begangen, besteht nach der genannten BGH-Entscheidung lediglich in Folgendem: Einmal — und das im Unterschied zum RG — sieht der BGH den Verbotsirrtum als ein Indiz dafür an, daß das Verschulden geringer ist oder fehlt[11]. Das RG sah den Verbotsirrtum selbst,

---

[11] Diesen Gesichtspunkt übergeht H. *Mayer*, MDR 52, 392/3 bei seinem Vergleich der Rechtsprechung des Reichsgerichts mit der des Bundesgerichtshofs.

soweit er sich auf eine Strafrechtsnorm bezog, nicht als einen Schuldausschließungs- oder -milderungsgrund an. Nach dem BGH ist beim Verbotsirrtum jedoch eine besondere Schuldprüfung erforderlich, und zwar nach besonderen Kriterien: Schuld liegt vor, wenn der Irrtum bei der erforderlichen Gewissensanspannung nicht aufgetreten wäre. Auch hier tritt bei der Prüfung des Verschuldens die Frage nach den Bedingungen der Möglichkeit der Verbotskenntnis auf. Sie wird von dem Theorienstreit nicht beantwortet und sie impliziert auch keine Stellungnahme zu einer der beiden Theorien.

4. Das Unrechtsbewußtsein in der Strafrechtswissenschaft

Die Frage nach den Voraussetzungen des Unrechtsbewußtseins, die wir als die grundlegende Frage erkannt haben, von deren Beantwortung ein begriffliches Erfassen des Verbotsirrtums abhängt, wird in der juristischen Literatur nicht behandelt. Im Mittelpunkt der wissenschaftlichen Auseinandersetzung stand und steht noch die Frage nach dem dogmatischen Standort des Unrechtsbewußtseins und den rechtlichen Konsequenzen seines Fehlens[12]. Um diese Fragen geht vor allem die Auseinandersetzung zwischen den Schuld- und Vorsatztheorien.

Aber auch die Schriften, die das Unrechtsbewußtsein selbst zum Gegenstand haben, stellen nicht die Frage nach den Voraussetzungen des Unrechtsbewußtseins. Hier geht es vor allem um seinen Inhalt.

In einer Auseinandersetzung mit den Monographien von *Kaufmann* und *Rudolphi* über das Unrechtsbewußtsein[13] soll gezeigt werden, daß die Frage nach dem Wesen von Unrecht und Schuld nicht zu lösen ist über einen Ansatz, der die Wertung und den Gegenstand der Wertung streng voneinander trennt. Auch hieraus wird sich die Notwendigkeit unserer Frage nach den Voraussetzungen des Unrechtsbewußtseins ergeben.

a) Das Unrechtsbewußtsein vom Standpunkt des Methodendualismus am Leitfaden der Argumentation Kaufmanns

Kaufmann geht von der Frage aus, ob Schuld Unrechtsbewußtsein erfordert und fragt gleich weiter, was Inhalt des Unrechtsbewußtseins ist,

---

[12] Vgl. *Rudolphi*, Unrechtsbewußtsein, S. 1.
[13] Art. *Kaufmann*, Das Unrechtsbewußtsein in der Schuldlehre des Strafrechts; *Rudolphi*, Unrechtsbewußtsein, Verbotsirrtum und Vermeidbarkeit des Verbotsirrtums.
Die Arbeit von *Mangakis* (Das Unrechtsbewußtsein in der strafrechtlichen Schuldlehre nach deutschem und griechischem Recht) ist dagegen rechtsvergleichender Art. Daher muß bei ihm die rechtliche Bedeutung des Unrechtsbewußtseins sowie seines Fehlens im deutschen und griechischen Schuldstrafrecht im Vordergrund stehen.

was der Täter wissen muß, um Unrechtsbewußtsein zu haben[14]. Das will er aus dem Wesen der strafrechtlichen Schuld beantworten. Er sieht darin eine rechtsphilosophische Frage. Zu ihrer Beantwortung unterscheidet er zwischen Form und Inhalt der Schuld. In formaler Bestimmung sei Schuld „diejenige Beziehung des Täters zu seiner Tat, die seine Verantwortlichkeit begründet und deretwegen wir ihm einen Vorwurf machen"[15].

Der Inhalt der Schuld lasse sich jedoch nicht mit Allgemeingültigkeit logisch deduzieren, sondern könne, „wie alles Stoffliche, nur der Erfahrung entnommen werden"[16]. Die Vernunft könne nur leere Formen liefern.

Im zweiten Abschnitt bringt *Kaufmann* den Versuch einer strafrechtsdogmatischen Lösung. Dem Terminus „Bewußtsein der Rechtswidrigkeit", den er als Kenntnis des formellen gesetzlichen Verbotes erfaßt, stellt er ein sonstwie geartetes Unrechtsbewußtsein gegenüber. Wie dieses Bewußtsein beschaffen sein muß und ob es überhaupt der Schuld wesensmäßig zugehört, könne erst eine Untersuchung des Schuldinhaltes ergeben. Auch bei der Frage der Rechtswidrigkeit trennt *Kaufmann* zwischen formeller Rechtswidrigkeit, die der formale Widerspruch zur Rechtsordnung ist, und materieller Rechtswidrigkeit, die sich nicht formallogisch aus dem Gesetz deduzieren läßt, sondern als „Gesellschaftsschädlichkeit, Antisozialität, Verletzung oder Gefährdung eines Rechtsgutes"[17] erscheint.

Nach einer Analyse des Irrtums und des Vorsatzes fragt er erneut, ob Schuld Unrechtsbewußtsein voraussetze.

Er bestimmt Schuld normativ als die vorwerfbare Beziehung des Täters zur Tat. Aber nicht der Vorwurf selber sei die Schuld[18], sondern Schuld sei nur der Gegenstand des Vorwurfs. Daher sei es nicht richtig zu sagen, daß über die Schuld das Werturteil eines Außenstehenden ent-

---

[14] Auch bei *Rudolphi* und W. *Schneider* steht die Frage nach dem Inhalt des Unrechtsbewußtseins am Anfang ihrer Abhandlung (*Rudolphi*, Unrechtsbewußtsein, S. 34 f.; W. *Schneider*, S. 3 ff.).
[15] S. 33/34.
[16] S. 33/34.
[17] S. 64.
[18] Bezeichnend für die Unklarheit, wie man Wertung und Gegenstand der Wertung getrennt voneinander definieren soll, ist die Formulierung, Gegenstand des Werturteils sei die Vorwerfbarkeit (S. 92). Daß jedenfalls *Frank* (Aufbau des Schuldbegriffs, S. 529) unter Schuld das Werturteil selbst verstanden hat und *Kaufmann* sich daher an dieser Stelle zu Unrecht auf ihn berufen hat, hat er später selbst erkannt (vgl. Schuldprinzip, S. 177). Als Vorwerfbarkeit bestimmen die Schuld auch noch: *Maurach*, StrR. AT, S. 410, *Welzel*, StrR., S. 138 ff., *Bemmann*, Obj. Bed. der Strafb., S. 21, *Hohenleitner* Festschr. f. Rittler, S. 185 ff., *Niese*, DRiZ 52, 21; *Rudolphi*, Unrechtsbewußtsein, S. 5/6, 22 ff.; BGHSt 2, 200.

4. Das Unrechtsbewußtsein in der Strafrechtswissenschaft

scheide und die Schuld daher in den Köpfen der anderen bestehe[19]; diese Meinung beruhe auf der Verwechslung von Inhalt und Gegenstand des Vorwurfes, allgemein, Inhalt und Gegenstand der Wertung. Gegenstand des Schuldvorwurfs, also Inhalt der Schuld sei der Wille des Täters. Schuld sei immer Willensschuld. Zum Vorwurf gereiche dem Täter, „daß er gewollt hat, wie er nicht wollen sollte, und daß er hätte doch so wollen können, wie er sollte"[20].

Diese letzte Aussage legitimiert *Kaufmann* in dem Abschnitt über die Willensfreiheit, in dem er im Anschluß an *Kant* kausale und wertende Betrachtungsweise als zwei verschiedene Gesichtspunkte versteht, unter denen wir das Geschehen betrachten. In der Wertung und nur in ihr sei der Mensch frei[21].

Aus der Schuld als Willensschuld leitet *Kaufmann* die Notwendigkeit des Unrechtsbewußtseins ab und bestimmt den Inhalt des strafrechtlichen Unrechtsbewußtseins aus dem materialen Wesen des strafbaren Unrechts. Nicht auf die formelle Gesetzeskenntnis komme es an, sondern auf das Bewußtsein der Rechtsgüterbeeinträchtigung, der Sozialschädlichkeit. Das sei notwendiger und ausreichender Inhalt des Unrechtsbewußtseins.

Kaufmann kommt zu dem Ergebnis, strafbare Schuld sei der vorwerfbare freie Willensentschluß eines Zurechnungsfähigen zur Begehung einer Straftat in Kenntnis ihrer sozialen Bedeutung. Kennenmüssen genüge nicht.

In seinem Buch „Das Schuldprinzip" bringt er zu dem Problem des Unrechtsbewußtseins nichts wesentlich Neues. Er verweist auf sein Buch über das Unrechtsbewußtsein und präzisiert nur, daß es bei Kenntnis

---

[19] Diesen Vorwurf gegen die Auffassung der Schuld als Vorwerfbarkeit hat wohl als erster *Rosenfeld*, ZStW 32, 469 formuliert. Vgl. auch *Kaufmann*, Schuldprinzip, S. 176 ff.

[20] S. 97.

[21] Eine strenge Trennung zwischen Normativität und Faktizität und daraus folgend einen Methodendualismus vertritt auch *Rudolphi*, obwohl er von der Notwendigkeit einer Verbindung von naturwissenschaftlicher und normativer Methode für die Frage nach der Schuld spricht (Unrechtsbewußtsein, S. 16). Der Einfluß der Sphäre des Seins auf die des Sollens besteht für ihn allein darin, „daß dem Sollen durch die in der Seinswelt gegebenen Möglichkeiten Grenzen gesetzt sind" (S. 50). Entsprechend diesem Ansatz führt er zum Problem der Anwendung des § 51 StGB aus, der Richter habe erst festzustellen, „inwieweit durch physische und psychische Defekte des Täters die Sinngesetzlichkeit seines Handelns eingeschränkt oder gar zerstört ist" (S. 26). Dies ist für ihn ein „biologischer Befund" (S. 26). Sodann habe der Richter wertend festzustellen, ob der Täter fähig war, seine Handlungsentschlüsse normgemäß zu motivieren. *Rudolphi* stellt also naturwissenschaftliche und normative Methode in einer Weise nebeneinander, daß eine gegenseitige Beeinflussung und Durchdringung nicht möglich ist. (Vgl. auch S. 18 ff.: Das mit den Strafen anzustrebende Ziel ergebe nur eine normative Betrachtung. Bei der Bestimmung der Mittel sei ein Rückgriff auf die naturwissenschaftliche Methode unerläßlich.)

der antisozialen Bedeutung der Tat nicht darauf ankomme, daß der Täter sein Verhalten als Unrecht bewertet und empfindet[22]. Der Täter könnte und sollte dann wissen, daß sein Verhalten verboten ist. Zur Schuld führt er aus, sie sei nicht nur eine Wertung, sondern sie sei ein real Vorhandenes, zwar etwas Metaphysisches, aber damit nicht überwirklich, sondern sie stelle eine geistig-seelische Wirklichkeit dar. Eine strenge Trennung von Normativität und Faktizität, wie er sie in seinem ersten Buch noch vertreten hat, hält er damit nicht aufrecht[23]. Für die Frage nach dem Unrechtsbewußtsein kommt diese Einsicht aber nicht mehr zur Geltung[24].

Dieses methodische Vorgehen ist widersprüchlich und verhindert die entscheidende Fragestellung.

Wie *Kaufmann* die Frage, ob die Schuld Unrechtsbewußtsein erfordere, aus dem Wesen der Schuld abzuleiten sucht, so versucht er, das Unrechtsbewußtsein zu erklären aus dem Unrecht, da das Unrechtsbewußtsein nur das Bewußtsein sei, das das Unrecht zum Gegenstand habe. Es ist aber gerade die Frage, ob das Unrechtsbewußtsein zu erklären ist aus dem Unrecht, oder ob es nicht richtiger ist, entweder umgekehrt das Unrecht aus dem Unrechtsbewußtsein zu erklären, oder beide Fragen gleichrangig und gleichursprünglich aufeinander bezogen und sich gegenseitig bedingend zu behandeln. Jedenfalls darf die Frage nach dem Verhältnis zwischen Unrecht und Unrechtsbewußtsein bei der Frage nach einem der beiden Begriffe nicht unerörtert bleiben. Bei *Kaufmann* ist Unrecht nämlich von vornherein ein Gegenstand. Er übernimmt im Ansatz die naturwissenschaftliche Methode, die den Gegenstand abstrahiert vom Bewußtsein von dem Gegenstand setzt. Das Unrecht gleicht dann einer äußeren Sache. Gerade diese Methode lehnt er aber für die Frage nach der Schuld ausdrücklich ab. Es treten daher notwendig Widersprüche auf:

Wenn der Determinismus eine Frage des Standpunktes ist, der Täter für das Schuldurteil frei gewesen sein muß, und nur bei der wertenden Betrachtung der Mensch frei ist, dann kann das Schuldurteil nur das Ergebnis einer wertenden Betrachtung sein. Folgt man *Kaufmann* andererseits in der scharfen Trennung zwischen Wertung und Gegenstand der Wertung, dann kann Schuld nur das eine oder das andere sein. Als bloße Wertung bestünde sie aber tatsächlich nur in den Köpfen der Wertenden. Diese in der Tat unhaltbare Vorstellung lehnt *Kaufmann* bereits in seinem Buch über das Unrechtsbewußtsein ab. Später schreibt er dazu,

---

[22] Schuldprinzip, S. 131.
[23] S. 180 ff., insbes. S. 185, Anm. 323.
[24] Sie stellt aber einen neuen Ansatz dar, der, wie wir noch sehen werden, für die Frage nach dem Unrechtsbewußtsein von Bedeutung ist.

4. Das Unrechtsbewußtsein in der Strafrechtswissenschaft

der Begriff der Vorwerfbarkeit sei „ganz und gar formal und inhaltsleer"[25].

Der Kritik an dieser rein normativen Bestimmung der Schuld ist zuzustimmen. Was unsere Frage nach dem Unrechtsbewußtsein anbelangt, so ist unerklärlich, wie man aus der Bestimmung der Schuld als Vorwerfbarkeit das Erfordernis eines aktuellen oder potentiellen Unrechtsbewußtseins ableiten will. Vom Begriff der Vorwerfbarkeit her kann nichts mich hindern, einem Täter die Tat auch dann vorzuwerfen, wenn er ohne Unrechtsbewußtsein gehandelt hat[26]. Es muß also auch in der Willensbildung des Täters selbst liegen, daß sie unter bestimmten Umständen vorwerfbar ist und tatsächlich vorgeworfen wird.

Für *Kaufmann* als Vertreter des Methodendualismus bleibt dann aber nur übrig, neben dem Unrecht auch die Schuld als einen Gegenstand anzusehen. Als Gegenstand müßte aber zu seiner Erschließung die naturwissenschaftlich-kausale Methode angewendet werden. Für eine Bestimmung der Schuld auch als Wertung ist kein Platz mehr. Der Gegenstand kann zwar auch bewertet werden, für das Wesen der Schuld trägt die Wertung aber nichts bei.

Daher ist davon auszugehen, daß sich Wertung und Gegenstand der Wertung nicht voneinander trennen lassen, wie es auch *Kaufmann* in seinem Buch „Das Schuldprinzip" ausführt.

Dann kann man aber nicht beginnen mit der Trennung von Unrecht und Unrechtsbewußtsein, sondern dann muß man fragen, welches die Bedingungen dafür sind, daß eine Handlung dem Bewußtsein bezüglich ihrer „Rechtmäßigkeit" zum Gegenstand wird. Bei dieser Fragestellung ist das Verhältnis zwischen Wertung und Gegenstand der Wertung noch unaufgelöst enthalten und kann als Thema gestellt werden[27].

---

[25] Schuldprinzip, S. 177; vgl. auch *Rosenfeld*, ZStW 32, 469; *Zimmerl*, Aufbau des Strafrechtssystems, S. 168. Zur Vorwerfbarkeit gehört jedoch, daß ein Verhalten tatsächlich oder zumindest möglicherweise vorgeworfen wird. Nehmen wir das in die Bestimmung des Schuldbegriffes mit hinein, dann ist die Schuld aber nicht mehr als reine Wertung definiert. Fragen wir weiter, was es für den Täter ausmacht, daß andere ihm sein Verhalten vorwerfen, dann erkennen wir schon hier die Relevanz des Problems der Intersubjektivität für den Schuldbegriff und die Berechtigung, die Schuld auch in den Köpfen der anderen zu suchen.

[26] Das verkennt *Rudolphi*, Unrechtsbewußtsein, S. 6. Vgl. auch *Mezger*, der zur Frage, ob Schuld Unrechtsbewußtsein voraussetze, den Zweck, den der Gesetzgeber mit der Strafe verfolgt, heranzieht (vgl. Kohlrausch-Festschrift, S. 180 ff.; LB, S. 265, *Mangakis*, Unrechtsbewußtsein, S. 25).

[27] Keinesfalls aber kann die Aussage, Wertung und Gegenstand der Wertung seien nicht voneinander zu trennen, für sich zur Erfassung des Unrechtsbewußtseins ausreichen.
Mattils Versuch, aus diesem Ansatz heraus den Begriff der „Gewissensanspannung" näher zu bestimmen, ohne zu fragen, was das Unrechtsbewußt-

b) Die Behandlung der Fragen nach der Bewußtseinsform des Unrechtsbewußtseins und nach dem Wesen der Vermeidbarkeit durch Rudolphi

Zusätzlich zu den von Kaufmann behandelten Fragen befaßt sich *Rudolphi* im 3. Kapitel im § 11 mit dem Problem, „welche Gegebenheitsweise, welche Bewußtseinsform der Unrechtskenntnis zukommen muß, damit sie die Erhebung des ungeschmälerten Schuldvorwurfs rechtfertigt" (Unrechtsbewußtsein, S. 140). Die praktischen Fälle, die dieses Problem stellen, sind vor allem die Affekthandlungen.

Rudolphi will diese Frage einmal vom Wesen der Schuld her lösen, zum anderen durch die Auslegung des positiven Rechts. Er geht davon aus, daß von Schuld nur dann die Rede sein kann, „wenn der Täter auf Grund einer vorhandenen Unrechtskenntnis in der Lage war, sich für das Recht zu entscheiden, oder wenn er sich in diese Lage hätte versetzen können" (S. 150). Von diesem Ansatz her lehnt er die Meinung *Mezgers*[28], *Baumanns*[29] und *Bleis*[30] ab, daß für die Bejahung des Unrechtsbewußtseins genüge, „daß die inaktive Unrechtskenntnis des Täters in Form einer ‚Gefühlswarnung' Bewußtseinsaktualität erlangt" (S. 150) bzw. daß bereits „‚ein wenn auch leises Sprechen der Stimme des Gewissens' genüge" (S. 151). *Rudolphi* argumentiert im Anschluß an *Platzgummer*[31], unter dem Phänomen der Gefühlswarnung könne „nur eine ‚ungeklärte, unanalysierte Vorstellung', richtiger aber wohl sogar nur ein ‚unlustbetontes Gefühlserlebnis' ... verstanden werden" (S. 150). Eine solche Gefühlswarnung sei nicht geeignet, „den Täter mit dem vollen materiellen Unrechtsgehalt seines Verhaltens zu konfrontieren" (S. 151). Die Bedeutung der Gefühlswarnung bestehe vielmehr darin, „dem Täter einen Impuls zu vermitteln, seine Aufmerksamkeit ... überhaupt erst auf den

---

sein seinem Wesen nach ist, mündet in einen Gesetzespositivismus, der im Niveau seiner Argumentation noch hinter dem Standpunkt des Methodendualismus zurückbleibt. So handelt es sich nach *Mattil* bei der Sorgfaltspflicht und der Anspannung des Gewissens um ein und dasselbe, nämlich um die Beschaffung der Kenntnis von Tatsachen (S. 206). Ein noch unreflektierterer Standpunkt dem Phänomen des Rechts gegenüber läßt sich kaum einnehmen.

Aber auch aus der Annahme, daß sich Tatbestand und Rechtswidrigkeit nicht trennen ließen, kann nicht gleich gefolgert werden, das Unrechtsbewußtsein gehöre zum Vorsatz, wie *Bindokat* das tut (JZ 53, 72 ff.). Er setzt damit unausgesprochen voraus, daß das Verhältnis von Tatbestand zum Vorsatz dem Verhältnis von Rechtswidrigkeit zum Unrechtsbewußtsein entspricht. Wir sehen jedoch Anlaß zu fragen, ob nicht mit dem Begriff des Unrechtsbewußtseins eine ganz andere Haltung von seiten des Täters dem durch die Handlung bewirkten Geschehen gegenüber angesprochen wird, als der Begriff des Vorsatzes meint.

[28] LK § 59, Anm. II, 9 (S. 482).
[29] StrafR AT, S. 408.
[30] *Mezger/Blei*, AT, S. 197.
[31] Bewußtseinsform des Vorsatzes, S. 67, 69.

4. Das Unrechtsbewußtsein in der Strafrechtswissenschaft

Wert- bzw. Unwertgehalt seines Verhaltens zu richten" (S. 151). Gleiches gelte für die These *Baumanns* und *Bleis*.

Diese Kritik *Rudolphis* setzt voraus, daß ein volles Unrechtsbewußtsein etwas grundsätzlich anderes und mehr ist als ein Gefühlserlebnis, daß der materielle Unrechtsgehalt einer Handlung auf andere Weise erschlossen wird als durch ein vages Gefühlserlebnis. Was aber das Unrechtsbewußtsein im Unterschied zu einem Gefühlserlebnis seinem Wesen nach ist, führt *Rudolphi* nicht aus. Im Gegenteil, von seinem Ansatz her, daß dem Menschen das Reich der Werte primär über das „originäre Wertgefühl" (S. 34) gegeben sei, kann zwischen dem Bewußtsein des „materiellen Unrechtsgehaltes" und einem Gefühlserlebnis kein wesensmäßiger Unterschied bestehen. Einen Ausweg aus diesem Dilemma bietet auch nicht *Rudolphis* Auffassung vom Unrechtsbewußtsein als Kenntnis der materiellen und formellen Rechtswidrigkeit (S. 58 ff.), da das Problem hier gerade in der Kenntnis des „materiellen Unrechtsgehaltes" liegt. Eine Analyse des Wesens und der Voraussetzungen dieser Kenntnis wäre erforderlich.

Ihr Fehlen macht sich auch darin bemerkbar, daß *Rudolphi* nicht die Ansicht widerlegen kann, einem im Umkehrschluß aus § 51 StGB als einsichtig zu betrachtenden Täter sei ein unter normalen Umständen jederzeit aktualisierbares Wissen von der Rechtswidrigkeit seines Verhaltens gegeben[32]. *Rudolphi* räumt ein, ohne das begründen zu können, daß „ein zurechnungsfähiger Täter vielfach auch dann, wenn er seine Unrechtstat in affektiver Erregung ... begeht, sich der Rechtswidrigkeit seiner Tat sachgedanklich mitbewußt sein wird" (S. 164). Er bestreitet jedoch, daß das zwingend so sein muß.

Nun läßt sich, wie *Rudolphi* selbst ausführt (S. 22 ff.) und hierfür zustimmend u. a. *K. Schneider* zitiert (S. 145), die Freiheit im konkreten Einzelfall, d. h. hier die Frage, ob die Einsicht in die Rechtswidrigkeit auftauchte, „vollends, ob man das verlangen ‚konnte' "[33], nicht nachweisen. Damit ist aber ein Rekurs auf die Empirie ausgeschlossen. Es hilft also nichts, die oben wiedergegebene Ansicht zu bestreiten oder zu vertreten, weiterhelfen kann nur eine Analyse der Voraussetzungen und des Wesens des Unrechtsbewußtseins.

Die Vermeidbarkeit des Verbotsirrtums ist für *Rudolphi* identisch mit einem potentiellen Unrechtsbewußtsein. Es ist für ihn ein Urteil über die realen Möglichkeiten, über das reale Können des Täters (S. 193). Die Feststellung der Vermeidbarkeit habe der Richter durch Einfühlung in die geistigen Erkenntniskräfte und rechtlichen Wertvorstellungen des

---

[32] So *Schewe*, Bew. u. Vorsatz.
[33] K. *Schneider*, Die Beurteilung der Zurechnungsfähigkeit, S. 21/22. Vgl. auch die weiteren Literaturangaben bei *Rudolphi*, S. 145.

Täters zu treffen (S. 205). Es leuchtet ohne weiteres ein, daß das nur der eine Teil sein kann, auf dem das Urteil über die Vermeidbarkeit beruht. Selbstverständlich muß der Richter auch wissen, was er vom Täter konkret verlangt, was der Täter hätte tun sollen, um ein Unrechtsbewußtsein zu erlangen. Auch hierfür ist es nötig, nach Voraussetzungen und Wesen des Unrechtsbewußtseins zu fragen.

5. Zur Erfassung des Unrechtsbewußtseins vom Standpunkt der materialen Wertethik

Rudolphi und *Kaufmann* vertreten im Anschluß an Nic. *Hartmann* und Max *Scheler* eine materiale Wertethik[34]. So führt *Rudolphi* aus: „Dem Menschen ist das Reich der Werte und Normen in einer zweifachen Weise gegeben. Einmal ist es das originäre Wertgefühl, das den Menschen mehr oder weniger bruchstückhaft in der Begegnung mit seiner Umwelt eine objektive Wert- und Normenordnung als verbindlich erkennen und empfinden läßt und das ihn in der Form des Gewissens verpflichtet, bestimmte Handlungen vorzunehmen und andere hingegen zu unterlassen. (Anm.: Nic. Hartmann, Ethik, S. 47; Max Scheler, Der Formalismus in der Ethik, S. 267 ff.)" (S. 34).

Auch einem solchen Standpunkt der materialen Wertethik bleibt die Frage nach dem Wesen und den Voraussetzungen für ein Unrechtsbewußtsein nicht erspart. Das Hauptproblem für diese Auffassung besteht nämlich darin, die Verbindung des Menschen mit den Werten begrifflich zu erfassen[35]. Diese Verbindung muß für die Vertreter der materialen Wertethik auch im Rechts- bzw. Unrechtsbewußtsein zum Ausdruck kommen. Untersuche ich das Unrechtsbewußtsein, dann zielt also meine ausdrückliche Fragestellung auf dieses für die Ethik zentrale Problem des Verhältnisses des Individuums zum Reich der Werte. Dann kann es aber nicht ausreichen, das Verhältnis mit dem Begriff „Wertgefühl" zu kennzeichnen, sondern dann muß ich fragen, welches die Bedingungen sind für das „Wertgefühl" und welche Bedeutung es in der menschlichen Existenz hat. Es ist dann die Frage zu klären, ob die Tatsache, ein „Wertgefühl" zu haben, etwas ist, was den Menschen wesensmäßig ausmacht oder ob es für ihn nur etwas Zufälliges und Zusätzliches ist.

Es stellt sich auch noch folgende weitere Frage: Wenn das Verhältnis des Individuums zum Reich der Werte ungeklärt ist, was berechtigt dazu, eine direkte Verbindung anzunehmen? Könnte es nicht so sein, daß dem Individuum die Werte nur über die Gemeinschaft zugänglich sind?

---

[34] *Rudolphi*, Unrechtsbewußtsein, S. 34; *Kaufmann*, Schuldprinzip, S. 71, 73 ff.

[35] Vgl. Nic. *Hartmann*, Ethik, S. 181: „Die Stellung des Subjekts zum Sollen ist der zentrale Punkt im ethischen Problem." *Scheler* (Der Formalismus..., S. 21) weist einen „von Wesen und möglichen Vollzug lebendiger geistiger Akte ganz ‚unabhängig' bestehen sollenden Ideen- und Werthimmel" zurück.

6. Die Notwendigkeit einer Analyse der Intersubjektivität für die Frage nach dem Unrechtsbewußtsein

Ist das Unrechtsbewußtsein als ein Gegenstandsbewußtsein nicht zutreffend erklärt und beantwortet auch die Annahme der Existenz materialer Werte für sich allein nicht hinreichend die Frage nach dem im Unrechtsbewußtsein zum Ausdruck kommenden Verhältnis des Menschen zum Recht, dann muß die Frage nach diesem Verhältnis erneut gestellt werden.

Weit verbreitet ist die Auffassung, die das Recht als die Summe der individuellen Moralvorstellungen ansieht. So meint z. B. *Rudolphi:* „Aus der Unzahl der individuellen Werterlebnisse oder, besser gesagt, aus der Vielzahl der subjektiv erfahrenen objektiven Wertordnungen entwickeln sich im Wege der Konvergenz immer größere Kreise umfassende intersubjektive Gemeinsamkeiten[36]."

Abgesehen von dem ungeklärten Begriff des „Werterlebnisses" ist diese Erklärung noch in anderer Hinsicht unzureichend: Geht man von der — von *Rudolphi* vertretenen — materialen Wertordnung aus und sieht die Werte als allgemeingültig an, dann muß im Individuum, damit dieses die Allgemeingültigkeit erfassen kann, die Allgemeinheit selbst mitangelegt sein. Dies wäre im einzelnen zu analysieren gewesen.

Geht man aber davon aus, daß es jeweils nur individuelle Werterlebnisse gibt, dann wäre zu erklären, wie aus diesen individuellen Werterlebnissen allgemeine und als allgemein erlebte Werte werden. Hierfür bietet die Annahme, daß einzelne Individuen dieselben Werterlebnisse haben, keine Erklärung. Die Übereinstimmung würde als rein zufällige die Werte nicht zu allgemeingültigen machen. Als je nur für den einzelnen selbst geltend, könnten die Werterlebnisse nie zu einem anderen in Beziehung stehen. Der Anspruch, daß bestimmte Wertvorstellungen nicht nur für mich, sondern auch für den anderen gelten, kann so nicht begründet werden.

Um eine grundsätzlichere Klärung des Verhältnisses des Menschen zum Recht hat sich Gerh. *Husserl* bemüht. Sein Ausgangspunkt ist, daß das Recht sich „vermöge seines geistigen Gehaltes ... auf das willentliche Verhalten von Individuen in Relation ‚zueinander'" beziehe[37]. Das Verhältnis des Menschen zum Recht liege zuallererst in einer Leistung des einzelnen Rechtssubjekts, die darin bestehe, „daß es den Akt willentlicher Normunterwerfung vollziehend die Geltung der Rechtsordnung mitbegründet"[38].

---

[36] Unrechtsbewußtsein, S. 50, 51; ähnlich *Henkel,* Einf. in die Rechtsphil., S. 248; *Zippelius,* Wertungsprob., S. 135; *Laun,* Recht und Sittlichkeit, S. 13, 49.
[37] Rechtskraft und Rechtsgeltung, S. 2.
[38] Rechtssubj. u. Rechtspers., S. 2. Vgl. auch Rechtskraft und Rechtsgeltung,

Diese Leistung schafft nach Husserl erst die Rechtsvoraussetzungen. Zur Frage nach der Weise des Zusammenschlusses mehrerer Individuen, die dem einzelnen die Erbringung dieser Leistung abnötigt, schreibt er: „Gewiß ragt der Einzeline am Gesamtwillen der Rechtsgemeinschaft aktiv teilhabend in die überindividuelle Sphäre rechtlicher Vergemeinschaftung hinein und steht als Rechtsgenosse lebendig gliedhaft in ihr[39]."
Husserl meint jedoch, die genauere Struktur dieser Analyse übergehen zu können zugunsten der Frage, was die Rechtsordnung der Person zusätzlich an Rechtspersonalität zu geben vermag. Daß aber gerade die Frage nach dem Verhältnis des einzelnen zur Gemeinschaft für die Aufhellung des Unrechtsbewußtseins erforderlich ist, zeigen seine Ausführungen über das Täterbewußtsein des Verbrechers in „Recht und Welt". Hier legt *Husserl* dar, daß rechtliche Gegenstände naiver Erfahrung nicht erreichbar seien. „Wer zum Rechtsgenossen wird, und als Rechtsgenosse seine Rechtsgesinnung betätigt, bewegt sich nicht im Handlungsraum der naiv erfahrbaren Welt[40]." Verbrecher aber sei nur derjenige, „der im Bewußtsein der Rechtswidrigkeit seines Tuns handelt"[41].

Der Rechtsbrecher kann nun nach *Husserl* niemals im naiven Bewußtseinszustand bleiben, weil sich das Unrechtsbewußtsein „durch das Auseinanderklaffen der Person" aufdrängt. „Der Verbrecher begeht einen Akt der Willensinkonsequenz. Durch das verbrecherische Handeln setzt er sich in Widerspruch zur eigenen permanenten Willensgesinnung, kraft deren er ein Glied der Rechtsgemeinschaft ist[42]."

Hier findet sich *Husserls* Vorstellung vom Rechtsgenossen als „duplex persona" wieder. „Er ist einmal — innerhalb der ihm von der Rechtsgemeinschaft belassenen Freiheitssphäre — Individuum... Als Rechtsgenosse ist das einzelne Subjekt zugleich und notwendig Träger des Gemeinschaftswillens[43]."

Jedoch erklärt diese Vorstellung den „Zusammenprall zweier Welten — der ‚natürlichen' Individualwelt des Verbrechers und der transzendenten Rechtswelt"[44], der bei der Tatbegehung sich ereigne, nicht hinreichend, denn nachdem Husserl das Handeln als Rechtsperson von dem

---

S. 3: „Der in der selbstgesetzten Rechtsordnung der Gemeinschaft nach Zweck und Umfang formulierte Gesamtwille wird zur sozialen Wirklichkeit, indem die Gemeinschaftsmitglieder durch Willensakt ein ‚Wir' konstituieren, das kraft der im Zeugungsakt liegenden Anerkennung über dem ‚ich', dem ‚du' und dem ‚er' der Einzelwillen steht."

[39] Rechtssubj. u. Rechtspers., S. 2.
[40] Recht und Welt, S. 80.
[41] Recht und Welt, S. 98.
[42] Recht und Welt, S. 98; vgl. auch Opfer, Unrecht, Strafe, S. 198.
[43] Rechtskraft und Rechtsgeltung, S. 4.
[44] Recht und Welt, S. 99.

6. Die Notwendigkeit einer Analyse der Intersubjektivität

natürlichen, naiven Handeln getrennt hat, müßte erst gezeigt werden, daß ein Handeln als Individuum doch gleichzeitig ein Handeln als Rechtsgenosse darstellt. Wenn der „Normbruch ... aber zugleich ein Bruch in der Person des Verbrechers"[45] ist, dann kann man bei der Bestimmung der Rechtsperson als „duplex persona" nicht stehenbleiben. Der Bruch in der Person wäre nur dann erklärt, wenn der Rechtsgenosse als Individuum zugleich Individuum ist. Das aber ist erst in seiner Struktur sichtbar zu machen. Es muß nach der Struktur gefragt werden, in der Rechtsperson und Individualperson eine Einheit bilden. Daraus ergibt sich, daß es für ein Erfassen des Unrechtsbewußtseins erforderlich ist, die Struktur des Miteinanderseins zu untersuchen[46].

---

[45] Recht und Welt, S. 100.
[46] Auch Gerh. *Husserl* hat zur Theorie der Intersubjektivität Stellung genommen. Im Anschluß an Edm. *Husserl* führt er aus, das Verständnis des anderen könne nur über dessen Leib durch einen Denkprozeß erfolgen (Rechtskraft und Rechtsgeltung, S. 2, 49; Pers. Sache, Verh., S. 110 ff.), der von der Erfahrung, die ich von meinem eigenen Leib habe, seinen Ausgang nimmt (Person, Sache, Verhalten, S. 112). Diese Auffassung setzt aber voraus, daß ich mich selbst als Menschen weiß und annehme, der andere sei wie ich. Das aber ist erst zu erklären. Die Einfühlungstheorie kann daher in der Form, wie Gerh. *Husserl* sie vertritt, nicht als Lösung des Problems angesehen werden. Wir gehen auf sie im folgenden nicht weiter ein.

A. Das in den Tatbeständen des Besonderen Teils des StGB vorausgesetzte Verhältnis der Individuen zueinander

Der Frage nach der Struktur des Miteinanderseins im Hinblick auf das Unrechtsbewußtsein soll ausgehend vom Strafrecht, und zwar von den Straftatbeständen, nachgegangen werden. In dieser Hinsicht lassen sich die Straftatbestände einteilen und werden eingeteilt[1] in zwei große Gruppen: die Straftaten gegen den einzelnen und gegen die Gemeinschaft. Die erste Gruppe behandelt und regelt primär das Verhältnis des einen zum anderen, während es bei der zweiten Gruppe um das Verhältnis des einzelnen zur Gemeinschaft geht. Dieses ist von komplizierterer Struktur als jenes und hat jenes zur Grundlage. Die Behandlung der Frage nach der im Strafrecht zum Ausdruck kommenden Struktur des Miteinanderseins hat also bei der ersten Gruppe anzusetzen, bei dem Verhältnis der Individuen untereinander, wie es von den genannten Straftatbeständen angesprochen oder vorausgesetzt wird.

1. Das Verhältnis des einen zum anderen in den Straftatbeständen im allgemeinen; das Problem des Rechtsgutes

Ganz allgemein und formal erscheint in den Straftatbeständen das Opfer der Tat als das Subjekt des Rechtsgutes und der Täter als einer, der in das Verhältnis des anderen zum Rechtsgut eingreift. Der Vorsatz als Kenntnis der Tatumstände setzt damit auf seiten des Täters einen Begriff dieses Verhältnisses des anderen zum Rechtsgut voraus, während die Fahrlässigkeit für den Täter zumindest die Möglichkeit, dieses Verhältnis des anderen zum Rechtsgut zu wissen, erfordert. Es bietet sich daher an, das Verhältnis des Täters zum Opfer über das Verhältnis des Opfers zu seinem Rechtsgut zu untersuchen.

Hierbei können wir uns auf die jüngste Diskussion um den Begriff des Rechtsgutes beziehen. Während die älteren Schriften über das Rechtsgut das Verhältnis des Rechtsgutsträgers zum Rechtsgut als selbstverständlich unterstellen[2], wurde im neuesten Schrifttum dieses Ver-

---

[1] Vgl. z. B. *Maurach,* BT, S. 8 ff.

[2] *Hirschberg,* S. 38; *Birnbaum,* S. 150, 175 ff.; *Binding,* Hdb. § 80, S. 390. Erste Ansätze einer Analyse des Verhältnisses des Rechtsgutsträgers zum Rechtsgut enthält die Bestimmung des Rechtsgutes als rechtlich geschütztes Interesse (*Ihering,* S. 339; *v. Liszt,* ZStW 3, 19 ff., 8, 134 ff.) und die Diskussion, was unter „Interesse" zu verstehen sei (vgl. dazu *v. Liszt,* ZStW 8, 135 ff.).

1. Das Verhältnis des einen zum anderen im allgemeinen

hältnis als das grundlegende Problem für die Bestimmung dessen, was ein Rechtsgut ist, angesehen[3].

So ist nach *Otto* das Rechtsgut zu interpretieren aus dem, „was gut ist für die Entwicklung der Person in der Rechtsgemeinschaft"[4]. Rechtsgut sei „der Zustand einer bestimmten, in den einzelnen Tatbeständen umrissenen, realen Beziehung der Person zu konkreten, von der Rechtsgemeinschaft anerkannten Werten..., in der sich das Rechtssubjekt mit Billigung durch die Rechtsordnung personal entfaltet"[5].

Michael *Marx* will die Frage nach dem Rechtsgut aus dem Zweck des (Straf-)Rechts[6] und damit aus dem Zweck des Staates[7] lösen. Er kommt zu dem Ergebnis, Rechtsgüter seien „diejenigen Gegenstände, die der Mensch zu seiner freien Selbstverwirklichung braucht"[8]. Welche Gegenstände konkret dazu gehören, folge „aus der Geschichtlichkeit der Person, die sich notwendig auch dem auf dem Personenwert gegründeten Rechtssystem mitteilt"[9].

Für *Amelung* wird das Rechtsgut konstituiert einerseits durch die Wertung eines Gegenstandes durch den Gesetzgeber und durch den einzelnen[10]. Andererseits bezeichnet er auch die Institutionellen Normen als Rechtsgüter[11]. Er sieht jedoch die Straftat und den Erfolg einer Straftat insbesondere im sozialen Raum sich ereignen und hält die Ausarbeitung des Begriffes der Sozialschädlichkeit für eine notwendige Ergänzung zur Frage nach dem Rechtsgut[12].

Alle diese Ableitungen und Definitionen enthalten unaufgelöst das Verhältnis des einzelnen zur Gemeinschaft[13]. Dieses Verhältnis müßte zu einer weiteren Klärung des Rechtsgutsbegriffes erhellt werden. Das soll

---

[3] So insbes. *Otto*, Rechtsgutsbegriff...; *Marx*, Zur Definition des Begriffes „Rechtsgut"; *Amelung*, Rechtsgüterschutz und Schutz der Gesellschaft; vgl. auch *Sina*, Die Dogmengeschichte des strafrechtl. Begriffes „Rechtsgut", S. 69 f.; *Schmidhäuser*, Festschrift f. Engisch, S. 443 ff.; Lehrb. AT S. 24; *Buschendorf*, Die Heilkunst 1968, Heft 2, S. 3; Arth. *Kaufmann*, Unr.Bew., S. 118 ff.; *Bettiol*, ZStW 72 (1960), 280; a. A. *Rudolphi*, Festschrift f. Honig, S. 166, der im Rechtsgut nicht die Beziehung Person - Objekt sieht, sondern das Objekt selbst.
[4] *Otto*, S. 5.
[5] *Otto*, S. 8.
[6] *Marx*, S. 24/25.
[7] *Marx*, S. 25 ff.
[8] *Marx*, S. 62.
[9] *Marx*, S. 62.
[10] *Amelung*, S. 188/9.
[11] *Amelung*, S. 181 ff.
[12] *Amelung*, S. 350, insbes. S. 394, vgl. auch S. 5.
[13] Auf die Notwendigkeit, dieses Problem zu untersuchen, hat insbes. *Würtenberger* hingewiesen (vgl. Das System der Rechtsgüterordnung, S. 255; Die geistige Situation, S. 70).

an der Argumentation *Amelungs* näher gezeigt werden, der die Frage nach dem Rechtsgut wohl am umfassendsten erörtert.

Für *Amelung* ist das Rechtsgut vor allem der durch die Norm geschützte Gegenstand[14]. Rechtsgut sei das Objekt eines der Norm zugrunde liegenden Werturteils[15], das durch den Normsetzer gefällt werde. Diese Aussage aber bedürfe noch einer Verfeinerung: der Gesetzgeber schütze regelmäßig etwas, „was von den in der Gesellschaft existierenden Subjekten positiv bewertet wird"[16]. Bestimmend seien also zwei Werturteile, das des Gesetzgebers und das des privaten Interessensubjekts.

Die institutionellen Normen, die ihrerseits auch als Rechtsgüter angesehen werden können, „legen sich ... wie ein Schutzwall ... um einen Realitätsbereich, an dem ein Einzelner ein Interesse hat"[17]. Rechtsgut i. S. des § 212 StGB z. B. sei nicht das menschliche Leben schlechthin, sondern jeweils das Leben eines konkreten, empirischen Menschen, z. B. das des Herrn Müller. Diese Aussage aber dürfe nicht im naturalistischen Sinne mißverstanden werden: die Tötung sei als rein biologischer Sachverhalt nur ein Grenzfall der kausalen Rechtsgutsverletzung[18]. Die Verletzung sei vor allem zu verstehen als „Zerstörung jener Handlungschancen, die mit der Beeinträchtigung vieler Rechtsgüter einhergeht"[19]. „Der Güterschaden liegt ... nicht in einer beliebigen, rein ‚naturalistisch' verstandenen Veränderung jenes Zustandes oder Gegenstandes, an dem das Interesse besteht, sondern in der Einschränkung oder Zerstörung seiner ‚Einsatzmöglichkeit', seiner Funktionen für die Zwecke des Interessensubjekts[20]."

Der einzelne, der in dem Sinn ein Rechtsgut als Rechtsgut weiß, muß sich seines eigenen Interesses an dem Gegenstand bewußt sein, und er muß außerdem auch die Wertentscheidung des Gesetzgebers kennen und nachvollziehen. Das eigene Leben als Rechtsgut zu wissen, bedeutet danach, es auch als von der Gesellschaft geschütztes und zu schützendes zu verstehen, ebenso die Gesundheit, das Eigentum usw. Damit muß der einzelne aber einen Begriff von der Gesellschaft haben, zu der gehörig er sich selbst verstehen muß. Das bedeutet aber, daß zu einem Verständ-

---

[14] Zur Auffassung, das Rechtsgut sei etwas Ideelles, Unangreifbares (vgl. *v. Liszt*, ZStW 6, 675; *Hirschberg*, S. 76; *Jäger*, Rechtsgüterschutz, S. 14 ff.; *Heinitz*, ZStW 81, 581), ist die Kritik *Amelungs* durchschlagend, daß es dann auch nicht strafrechtlich geschützt zu werden braucht (S. 175). Wir gehen auf diese Auffassung vom Rechtsgut nicht weiter ein (vgl. auch zum Methodendualismus oben, Einl. 4. a).

[15] *Amelung*, S. 188.
[16] S. 188/9.
[17] S. 195.
[18] S. 192.
[19] S. 193.
[20] S. 189.

nis des Rechtsgutes im Sinne *Amelungs* zumindest ein unausgesprochenes und unausdrückliches Verständnis der Beziehung seiner selbst zur Gesellschaft gehört, das in seiner Struktur und in seinen Voraussetzungen erklärt werden müßte. Diese Erklärung fehlt auch bei *Amelung*.

Geht es um das Verhältnis des einen zum anderen, z. B. um das Verhältnis des Täters zum Opfer, dann zeigt sich die Notwendigkeit, das Verhältnis des einzelnen zur Gemeinschaft zu klären, noch deutlicher.

Wenn die Rechtsordnung in den §§ 211 ff. StGB das Leben der Menschen schützt, woher weiß dann der einzelne, daß damit auch das Leben des Herrn Müller gemeint ist? Das würde voraussetzen, daß der Täter den Herrn Müller als Menschen weiß. Ein solches Wissen vom anderen ist aber keineswegs selbstverständlich. Mit Recht weist *Würtenberger* darauf hin, daß „man sehr lange in der Geschichte der Menschheit gebraucht hat, bis man den Menschen in einem umfassenden Sinn, ohne alle Unterschiede des Alters, des Volkes, des Standes usw. anerkannt hat"[21].

Die Frage stellt sich in gleicher Weise bei allen anderen Rechtsgütern. Auch z. B. vom Eigentum des Herrn Müller zu wissen, setzt voraus, Herrn Müller als Menschen zu wissen.

Diese Lücke in der Argumentation wird auch nicht durch die Theorie der Sozialschädlichkeit gefüllt, die nach *Amelung* notwendige Ergänzung zur Rechtsgutslehre ist. Diese soziologische Theorie fragt nur nach den Bedingungen für das Bestehen einer Gesellschaft, ohne das Verhältnis des einzelnen zur Gemeinschaft oder das Verhältnis des einen zum anderen zu behandeln. Sie ermöglicht es zwar, den Erfolg einer Tat in Relation zu setzen zu einer bestimmten faktischen Weise des Zusammenlebens. So kann sie z. B. erklären, daß die Tötung eines Menschen gesellschaftlich etwas völlig anderes ist als die Tötung eines Tieres[22]. Sie erklärt aber nicht, was denn der einzelne mit diesem spezifisch gesellschaftlichen Erfolg zu tun hat, — weder wie der einzelne ihn überhaupt als gesellschaftlichen Erfolg verstehen kann, noch, was er für ihn bedeutet, ob er ihn überhaupt berührt, oder ob er ihn in seinem eigenen Sein trifft. Gerade dies ist aber die eigentlich strafrechtliche Fragestellung.

Die Kennzeichnung der Normen als „Schutzwall" für den „Realitätsbereich, an dem ein Einzelner ein Interesse hat"[23], bringt daher keinen Fortschritt gegenüber der Bezeichnung eines realen Gegenstandes als „Verkörperung eines immateriellen Schutzobjektes"[24] oder der Bezeich-

---

[21] Über das Menschenbild, S. 19.
[22] *Amelung*, S. 385 ff.
[23] S. 195.
[24] *Mittasch*, Wertbeziehendes Denken, S. 87; *v. Liszt*, ZStW 8, 151.

nung des Verhältnisses zwischen Rechtsgut und realem Gegenstand als „dialektisch"[25], die *Amelung* einigermaßen eigenwillig als „bildhafte Ausdrücke und falschen Tiefsinn"[26] abtut.

Um die Frage nach dem Verhältnis des einzelnen zur Gemeinschaft hat sich im Zusammenhang mit der Frage nach dem Begriff des Rechtsgutes Michael *Marx* bemüht. *Marx* geht aus von der kantischen Vorstellung vom Menschen als Zweck an sich selbst[27] und lehnt die Auffassung der Person als Teil eines organischen Ganzen ab. Zum individuellen Aspekt der Person aber geselle sich „gleichberechtigt ihr sozialer Aspekt"[28]. Beide Aspekte seien untrennbar miteinander verbunden und beide konstituierten die einheitliche Person. Dem Menschen sei es aufgegeben, sich in seinen Handlungen gemäß seiner freien Selbstbestimmung zu entfalten. Seine Handlungen „vollziehen sich alltäglich und in der je ganz konkreten Um- und Mitwelt"[29]. In ständigem, tätigem Dialog „vollbringe sich die Person, schafft ihre Werke"[30].

Eingehend auf den Einwand, seine Konzeption bedeute einen Rückfall in den extrem individualistischen, egozentrischen Liberalismus, betont *Marx*, die Sozialität sei etwas in der Person „von allem Anfang mit Angelegtes"[31]. Personalität werde konstituiert durch die Fähigkeit und Aufgabe der Selbstverwirklichung. Selbstverwirklichung vollzöge sich in Handlungen, und Handeln geschehe nur im sozialen Raum.

Diese Ausführungen stellen eher ein Bekenntnis zum Menschen als Sozialwesen dar als eine logische Ableitung und Erhellung der Struktur der Sozialität des Individuums. Wenn *Marx* im Anschluß an *Löwith* formuliert, auch dort, „wo das Individuum sich selbst reflektiert, geschieht dies nur vor dem Hintergrund der anderen Menschen; denn nur von dort her, in der Unterscheidung von diesem ‚Anderen', erfährt sich die Person als Selbst"[32], so bleibt das eine bloße Behauptung. Die empirische Tatsache, daß die Handlungen der Menschen im sozialen Raum stattfinden, ist zwar nicht zu bestreiten; ein Nachweis der Sozialität der Person aber müßte beweisen, daß dies notwendig so ist, daß also ein menschliches Handeln nur möglich ist, sofern eine Gemeinschaft da ist, in deren Rahmen sie stattfindet. Der Einwand, den wir gegen *Marx* erheben, ist der gleiche wie der gegen *Husserl*: es ist die Einheit zu erklären, in der

---

[25] *Salm,* Das versuchte Verbrechen, S. 180.
[26] S. 196.
[27] *Marx,* S. 40 ff.
[28] S. 43.
[29] S. 45.
[30] S. 45.
[31] S. 51.
[32] S. 51.

2. Das Verhältnis des Täters zum Opfer bei den einzelnen Delikten

der einzelne als Er-selbst gleichzeitig Gemeinschaftswesen ist und umgekehrt als Gemeinschaftswesen gleichzeitig Er-selbst. Das aber hat auch *Marx* nicht geschafft. So gilt *Marx'* Vorwurf gegen *Maihofer*, dieser verbinde nicht Selbst-sein und Als-sein zu einer Einheit, sondern stelle sie kumulativ nebeneinander[33], — ein Vorwurf, den wir voll und ganz teilen, s. u., B. 3., Anm. 32 — für ihn selbst gleichermaßen[34].

Es hat sich gezeigt, daß das Verhältnis des Individuums zum Rechtsgut nicht zu erklären ist, ohne auf das Verhältnis des Individuums zur Gemeinschaft einzugehen. Dieses aber hängt untrennbar zusammen mit dem Verhältnis des einen zum anderen. Das heißt, alle drei Fragen bedingen einander gegenseitig und können nicht voneinander getrennt behandelt werden[35].

Wir nehmen daher unsere Frage nach dem Verhältnis des Täters zum Opfer im Hinblick auf das Verhältnis der einzelnen zum Rechtsgut wieder auf.

2. Das Verhältnis des Täters zum Opfer bei einzelnen Delikten

Will man die Frage nach dem Verhältnis des Täters zum Opfer behandeln, so ist es nötig, die Delikte danach einzuteilen, welcher Art die Begegnung des einen mit dem anderen ist, die zu dem Delikt führen kann oder in deren Zusammenhang das Delikt begangen wird.

Es ergeben sich dann folgende Hauptgruppen:

1. Delikte, bei denen der andere als einzelner über einzelne Sachgüter begegnet (Diebstahl, Unterschlagung, Hehlerei, Sachbeschädigung nach § 303 StGB),
2. Delikte, bei denen der andere als einzelner unmittelbar und körperlich begegnet (Mord, Totschlag, Körperverletzung, die Sittlichkeitsdelikte nach §§ 176 Ziff. 1 u. 2, 177, 179 StGB),
3. Delikte, bei denen der andere als einzelner über einzelne Sachgüter und als einzelner unmittelbar und körperlich begegnet (Raub, Erpressung),

---

[33] S. 53.
[34] Vgl. auch *Amelung*, Buchbesprechung, S. 1024, der mit Recht die einseitige Interpretation der Beziehungsstruktur der Rechtsgüter auf den einzelnen, dem sie zur freien Entfaltung dienen, kritisiert.
[35] Vgl. auch *Otto*, S. 8; in die gleiche Richtung gehen auch die Ausführungen *Buschendorfs*, für den Rechtsgut ein sozial vorgewerteter Sachverhalt ist, der stets einer Person, dem „Träger", ein bestimmtes Verhältnis zu anderen Personen oder personalen Wirklichkeiten garantiert. Wir werden die oben entwickelte Ansicht im folgenden noch näher begründen können. Dabei wird sich auch zeigen, daß das Verhältnis des einen zum anderen nicht zu trennen ist von dem Verhältnis des Individuums zur Gemeinschaft.

4. Delikte, bei denen der andere als einzelner nicht körperlich, sondern als psychisches Wesen begegnet (Beleidigung)[36].

Wir beginnen mit der ersten Gruppe, weil dort die Tatbestände ein bestimmtes Verhältnis des einzelnen zum Rechtsgut aufweisen und daher gegenüber der zweiten Gruppe mehr Anhaltspunkte bieten, welcher Art das Verhältnis des einen zum anderen sein muß, damit das Delikt stattfinden kann. Die Delikte der dritten Gruppe sind aus denen der ersten und zweiten Gruppe zusammengesetzt, während die letzte Gruppe ein besonderes Problem darstellt[37].

*a) Das Verhältnis des Täters zum Opfer
bei den Delikten der ersten Gruppe*

Wir nehmen den Diebstahl als Beispiel. Hier ist das Opfer Eigentümer der gestohlenen Sache, die Diebstahlshandlung erfolgt durch Wegnahme der Sache, d. h. durch Aufhebung der Sachherrschaft eines anderen.

Beginnen wir mit der Sachherrschaft. Sie liegt sicher dann vor, wenn die Person unmittelbar körperlich auf die Sache einwirkt. Der Grundfall ist die unmittelbare Benutzung der Sache als Werkzeug für eigene Zwecke[38]. Das Werkzeug ist dann gleichsam die Verlängerung des Körpers des Benutzers. In dem Fall jedoch kann das Werkzeug nicht Gegenstand eines Diebstahls sein, weil bei einer Wegnahme in Bereicherungsabsicht bereits Raub vorliegt, kann sie doch nicht ohne körperlichen Zwang dem anderen genommen werden.

Sobald eine räumliche Trennung der Sache von der Person eintritt, muß die Verbindung zwischen Person und Sache auf andere Weise gegeben sein; sie beruht auf jeden Fall auf dem Willen der Person[39], was

---

[36] Da nach unserem Ansatz die Begegnung der Personen über das Rechtsgut stattfindet, kann es nicht verwundern, daß diese Einteilung der Delikte weitgehend der üblichen Einteilung der Straftaten nach dem geschützten Rechtsgut entspricht. Im wesentlichen wird nur der Schwerpunkt der Betrachtung verlagert.
Eine Unterscheidung ergibt sich vor allem in den Fällen, in denen nach der herkömmlichen Einteilung Straftaten zusammengenommen werden, obwohl sie verschiedene Rechtsgüter schützen, weil sie zu einem einheitlichen Lebensbereich gehören; so z. B. die Sexualdelikte, die z. T. rein individuelle Rech'sgüter, z. T. solche der Allgemeinheit schützen (vgl. dazu *Maurach*, BT, S. 426). Entsprechendes gilt z. B. für die Sachbeschädigungs- und die Brandstiftungsdelikte.

[37] Vgl. insbes. die Schwierigkeit bei der Bestimmung des Rechtsgutes der Beleidigung, dazu *Hirsch*, ebenso *Wolff*.

[38] Vgl. Gerh. *Husserl*, Pers., Sache, Verh., S. 7 ff.

[39] Dagegen sprechen nicht die Entscheidungen RGSt 50, 48; 54, 346; 56, 207; BGHSt 4, 211, wo ein genereller Gewahrsamswille vorliegt bzw. unmittelbares In-der-Hand-Halten (vgl. auch *Schönke/Schröder*, Rdnr. 20 zu § 242 StGB). Eine andere Möglichkeit der Verbindung Person - Sache als über den Willen der Person ist auch gar nicht möglich.

2. Das Verhältnis des Täters zum Opfer bei den einzelnen Delikten 35

freilich — wie gleich noch zu zeigen sein wird — noch keine zureichende Begründung ist. Der Sachherrschaft Ausübende will die Sache unter Ausschluß aller anderen benutzen können. Tatsächliche Sachherrschaft besteht dann, wenn der Verwirklichung des Willens zur unmittelbaren Einwirkung auf die Sache keine Hindernisse entgegenstehen[40]. Der die Sachherrschaft Ausübende will zu der Sache in einer derartigen Beziehung stehen, daß er die Möglichkeit hat, mit der Sache nach Belieben umzugehen. „Nach Belieben" bedeutet aber: unter Ausschluß aller anderen. Dem Begriff des Gewahrsams nach ist eine positive, von einem Dritten getroffene Bestimmung dessen, was mit dem Gegenstand geschehen soll, ausgeschlossen, denn eine solche positive Bestimmung würde der Autonomie des Gewahrsamsinhabers widersprechen. Vorsatz beim Diebstahl setzt damit voraus, den anderen zu wissen als einen, der im Verhältnis zu dem Gegenstand einen eigenen Willen hat.

Das rechtlich geschützte Verhältnis der Person zur Sache ist beim Diebstahl vor allem das Eigentum. Eigentum ist eine bestimmte Weise der rechtlichen Zuordnung der Sache zu der Person. Dem Inhaber wird die Möglichkeit des selbständigen Gebrauchs der Sache von anderen anerkannt.

Die Mitwirkung des anderen ist dabei unerläßlich. Eigentum an einer Sache kann der einzelne nicht aus sich selbst heraus begründen. Er kann die Sache nur unmittelbar gebrauchen, er kann seinen Willen auch noch dann auf die Sache erstrecken, wenn er sie nicht mehr unmittelbar in Händen hält; mehr als Sachherrschaft wird dadurch aber nicht begründet. Für den Begriff des Eigentums ist ein anderer erforderlich, der die Sache der Person zuordnet[41].

Einen solchen Begriff der rechtlichen Zuordnung der Sache zur Person enthalten als Tatbestandsmerkmal alle Delikte dieser Gruppe. § 248 b enthält den Begriff des „Berechtigten", § 289 die Begriffe „Nutznießer", „Pfandgläubiger", „Gebrauchs- oder Zurückbehaltungsrecht", § 123 den

---

[40] RG 60, 272, *Schönke/Schröder*, Rdnr. 16 zu § 242.

[41] Auf die Frage, ob Eigentum durch das Recht gesetzt wird, oder ob es vorpositiver Natur ist, kommt es dabei nicht an und dazu haben wir auch mit dieser Bestimmung des Eigentums nichts ausgesagt. Vgl. dazu Gerh. *Husserl*, Pers., Sache, Verh.

Jedoch erscheint zumindest mißverständlich die Aussage *Reinachs*, auch der Robinson auf seinem Eiland sei Eigentümer der von ihm hergestellten Gegenstände (S. 94). Ausdrücklich wendet sich *Reinach* nur gegen die These, das Eigentum sei ausschließlich positivrechtlicher Natur (ebd.). Jedoch sieht er das Eigentum nicht in dem Bereich des Zwischen (den Personen) wie das Versprechen. Es ist für ihn „eine letzte, nicht weiter zurückführbare und in keine Elemente weiter auflösbare Beziehung zwischen Person und Sache" (S. 94), nicht aber von Person zu Person (S. 24). Diese Ansicht mag daran liegen, daß *Reinach* den Begriff der Person nicht ausgearbeitet hat und die Person dem Zwischen als seinem Träger vorausgesetzt hat. Vgl. dazu *Theunissen*, S. 378. Zu unserem Begriff der Person vgl. unten, B. 3. f).

Begriff „die Wohnung ... eines anderen". Diese Begriffe der rechtlichen Zuordnung setzen aber die Möglichkeit des selbständigen Gebrauches der Sache durch den Berechtigten voraus, denn rechtliche Zuordnung der Sache zur Person bedeutet, wie wir gesehen haben, daß dem Inhaber die Möglichkeit des selbständigen Gebrauches der Sache von Dritten anerkannt ist. Daher muß der vorsätzlich handelnde Täter den anderen in jedem Fall als einen wissen, der bezüglich des Gegenstandes selbständig ist; das gilt auch etwa bei der Unterschlagung, wo es an der Sachherrschaft des Opfers fehlt.

Mit dem Begriff der rechtlichen Zuordnung ist für unsere Frage nach dem Verhältnis des Täters zum Opfer bereits etwas Wesentliches, Weiteres angesprochen: der Täter muß wissen, daß dem Berechtigten die Möglichkeit des selbständigen Gebrauches der Sache anerkannt ist. Daß er selbst diese Möglichkeit anerkennt, genügt nicht; denn die Berechtigung des Berechtigten meint auch und gerade die Berechtigung ihm gegenüber. Das heißt aber, daß diese Berechtigung gerade von seinem Willen unabhängig ist. Da aber seine Anerkennung von seinem Willen anzuerkennen abhängt, kann sie für die Berechtigung nicht ausreichen. Sie muß also von einer dritten Person herrühren. Der Täter muß also, um eine Vorstellung von der Berechtigung des anderen zu haben, sich notwendig einen Dritten denken, der die Berechtigung anerkennt.

Exkurs zum Verhältnis zwischen Sachherrschaft und Berechtigung

Wir hatten am Beispiel der Sachherrschaft das Verhältnis der Person zur Sache unabhängig vom Bestehen einer Gemeinschaft erklärt. Bei näherer Untersuchung zeigt sich jedoch, daß auch die Sachherrschaft nicht ohne ein Berechtigungsverhältnis der Person möglich ist, sofern mehrere Personen da sind.

Wie wir gesehen haben, besteht bei einer räumlichen Trennung der Sache und der Person die die Sachherrschaft begründende Verbindung in dem Willen. Läßt man die Berechtigung zur Sachherrschaft konsequent weg, dann müßten in dem Fall, in dem mehrere Personen sich in dem gleichen räumlichen Verhältnis zu der Sache befinden und den gleichen Willen zur Benutzung haben, alle Gewahrsam haben. Z. B. müßte jeder, der auf der Straße ein unabgeschlossenes Fahrrad sieht, allein durch den Willen, es wegzunehmen, Gewahrsam begründen können. Daß das nicht so ist, läßt sich nur daraus erklären, daß dem einen die Sache von Dritten zugeordnet wird, dem anderen nicht. Unerheblich ist dabei, daß es sich nur um eine vorläufige Zuordnung handelt. Ebenso läßt sich die Meinung, daß die Hausangestellte an den Sachen, die sie benutzt, keinen Gewahrsam haben soll[42], nur aus der fehlenden Berechtigung erklären, die Sachen für eigene Zwecke zu benutzen.

---
[42] So die ganz h. M. vgl. *Schönke/Schröder*, Rdnr. 16 zu § 242.

2. Das Verhältnis des Täters zum Opfer bei den einzelnen Delikten

Dieses Moment der wenn auch vorläufigen rechtlichen Zuordnung der Sache zu einer Person ist also in jedem Fall erforderlich für den Begriff der Sachherrschaft, in dem die Verbindung zwischen der die Sachherrschaft ausübenden Person und der Sache durch den Willen der Person gegeben ist, wenn man von dem Sonderfall, daß es überhaupt nur eine Person gibt, einmal absieht[43].

b) Das Verhältnis des Täters zum Opfer bei den Delikten der zweiten Gruppe

Bei den Totschlags- und Körperverletzungsdelikten tragen die §§ 216, 226 a dem Willensmoment Rechnung. Während bei den Vermögens- und Eigentumsdelikten dem Willensmoment eine konstitutive Bedeutung zukommt, das heißt die geschützten Rechtsgüter nur in Verbindung mit dem Willen ihres Trägers möglich sind, scheint dem Willensmoment hier jedoch eine geringere Bedeutung zuzukommen. Leben und Gesundheit scheint der Mensch auch zu haben, ohne sie zu wollen. Die Körperverletzungs- und Totschlagsdelikte scheinen Leben und Gesundheit auch ohne einen darauf gerichteten Willen des Opfers zu schützen, und die Rechtsordnung scheint nur in Ausnahmefällen bei Fehlen des Willensmoments die Rechtswidrigkeit auszuschließen bzw. nur die Schuld zu mildern.

Nun reicht es für den Totschlagsvorsatz nicht aus, daß der Täter das Opfer weiß als jemanden, der lebt. Wenn das so wäre, dann würde sich der Totschlagsvorsatz von dem Vorsatz beim Töten eines Tieres nicht unterscheiden[44]. Der Täter muß vielmehr das Leben gerade als menschliches Leben wissen. Das gleiche gilt für den Körperverletzungsvorsatz. Der Täter muß den Leib des anderen und die Gesundheit des anderen gerade als Leib und Gesundheit eines Menschen wissen.

Die Frage ist, was es im Sinne dieser Tatbestände bedeutet, den anderen als Menschen zu wissen. Das in dieser Frage liegende Problem wird in der juristischen Literatur ganz unzureichend behandelt. So wird die rechtliche Relevanz der Tatsache, daß die Nationalsozialisten bestimmte Bevölkerungsgruppen nicht als Menschen angesehen haben (Geisteskranke, Juden), unter dem Stichwort der normativen Kraft des Faktischen erörtert[45]. Daß diese faktische gesellschaftliche Stellung der Ver-

---

[43] So auch neuerdings *Otto*, S. 6/7.
Nur so läßt sich die Meinung rechtfertigen, auch der Gewahrsam sei geschütztes Rechtsgut des § 242 StGB (so die h. M. vgl. *Schönke/Schröder*, Rdnr. 1 zu § 242, der selbst allerdings anderer Ansicht ist).
[44] So auch *Amelung*, Rechtsgut, S. 385. Zu unserer Kritik an seinem Lösungsvorschlag s. o., A. 1.
[45] Vgl. OLG Frankfurt, SJZ 47, 621; dazu Anm. v. *Radbruch*, S. 633 ff., *Barella*, DRiZ 60, 144 ff.; in der spezielleren Diskussion über die Recht- und

folgten keine normative Kraft haben konnte, ist nur allzuleicht mit dem Hinweis darauf, daß die entsprechenden Erlasse nicht veröffentlicht waren[46], zu begründen. Es kommt aber vielmehr auf eine rechtliche Würdigung dieser faktischen gesellschaftlichen Stellung selbst an. Mit Recht weist z. B. *Hanack* darauf hin, daß es für Hitlers „Mordgesellen" charakteristisch sei, daß sie vorher und nachher kriminell nicht in Erscheinung getreten seien. Ihren Taten sei gemeinsam, „daß sie von einem verbrecherischen System inspiriert, gewünscht oder befohlen wurden und daß selbst beim sadistischen Exzeßtäter geradezu zu vermuten ist, daß er ohne die durch das System ... hochgepeitschten Affekte seine schlummernden sadistischen Anlagen nicht betätigt hätte"[47]. Das heißt aber nichts anderes, als daß das tatsächliche, gesellschaftliche Ansehen für die Verbrechen die Grundlage war. Nur so ist es zu erklären, daß sich in den NS-Prozessen Angeklagte z. T. auf einen Irrtum beriefen[48]. Die Gerichte haben den Irrtum ausnahmslos als einen Verbotsirrtum qualifiziert[48].

Die nächstliegende Frage ist jedoch die, ob ein Irrtum über das normative Tatbestandselement „Mensch" vorliegt. Zu ihrer Beantwortung muß auf die oben entwickelte Fragestellung eingegangen werden, welches Wissen vom anderen Menschen diese Tatbestände voraussetzen. Es liegt hier nahe, die Rechtsgüter Leben, Gesundheit etc. ebenso zu verstehen wie die Rechtsgüter der vorigen Gruppe, d. h. als vom Träger gewollte und diesen Willen als von der Gemeinschaft anerkannt. In dem Fall würde etwa der Totschlagsvorsatz beinhalten, das Opfer zu wissen als einen, der leben will und dessen Lebenswille von der Gemeinschaft anerkannt ist. In die Richtung eines solchen Verständnisses gehen die Ausführungen von *Schmidhäuser*[49] und *Marx*[50], was de lege ferenda die Berücksichtigung des Willens des Rechtsgutsträgers anbelangt. Den weiteren Schritt, daß auch die Anerkennung durch die Gemeinschaft das Rechtsgut mitkonstituiert, sehen sie allerdings nicht.

Gesetzesmäßigkeit der betreffenden Führererlasse wird auf das faktische Ansehen der NS-Verfolgten während des Dritten Reiches leider nicht eingegangen; vgl. *Roesen*, NJW 64, 133 ff.; *Arndt*, NJW 64, 487; ders.: Das Verbrechen der Euthanasie, S. 184; *Welzel*, NJW 64, 521; *Baumann*, NJW 64, 1398; ders. in: *Henkys*, Die nationalsoz. Gew.Verbr., S. 295 f. (Strafrechtl. Problematik ...).

[46] So der „Euthanasieerlaß" vom 1. 9. 39 und die Mordbefehle während des Rußlandfeldzuges, die nicht einmal schriftlich gegeben wurden.

[47] JZ 67, 298; vgl. auch *Friesenhahn*, Bericht über die Klausurtagung der ständigen Deputation des DJT, Apr. 1966, „Probleme der Verfolgung ..."; *Eb. Schmidt*, Einführung in die Gesch. der dt. Strafrechtspflege, S. 456.

[48] OGH v. 23. 7. 49, NJW 50, 151; BGH v. 7. 12. 65 — 5 StR 411/65, zit. bei *Hanack*, JZ 67, 337; BGH 22, 223.

[49] Unrechtstatbestand, S. 45 ff.

[50] S. 64 ff., der allerdings inkonsequenterweise bei Einwilligung des Opfers in die Rechtsgutsverletzung nur einen Rechtfertigungsgrund annimmt und nicht einen Ausschluß des Tatbestandes.

2. Das Verhältnis des Täters zum Opfer bei den einzelnen Delikten 39

Die ganz herrschende Meinung lehnt diese Auffassung mit dem Hinweis auf die Unverzichtbarkeit der Rechtsgüter ab[51], und zwar nicht nur im Hinblick auf die §§ 216, 226 a StGB de lege lata, sondern auch de lege ferenda.

Mit dem Begriff der Unverzichtbarkeit wird auf etwas hingewiesen, das sich bei näherer Untersuchung als sehr wesentlich und durchschlagend erweist: diese Rechtsgüter sind nicht Ergebnis einer kommunikativen Auseinandersetzung der Individuen untereinander. Sie sind daher auch nicht mögliche Gegenstände einer kommunikativen Auseinandersetzung.

Die Richtigkeit dieser Aussage sowie ihre Bedeutung für die Frage nach dem Inhalt dieser Rechtsgüter können wir erst erkennen, wenn wir das Verhältnis des einen zum anderen erörtert haben. Daß die Rechtsgüter Leben, Gesundheit usw. nicht als vom Träger gewollte und von der Gemeinschaft anerkannte anzusehen sind, bleibt bis dahin eine unbewiesene Behauptung. Immerhin scheint auch auf den ersten Blick das Verhältnis des einzelnen zu seinem eigenen Leben und seinem eigenen Körper ein anderes zu sein als das zu seinem Eigentum. Ebenso scheint sein Verhältnis zum Leben und Körper eines anderen von anderer Struktur zu sein als sein Verhältnis zum Eigentum eines anderen. Wir gehen daher im folgenden davon aus, daß die Rechtsgüter dieser Gruppe anders zu verstehen sind als die der ersten Gruppe und werden den Beweis dafür nachliefern.

Wenn dennoch diese Rechtsgüter gerade als menschliche gemeint sind, kann das nur bedeuten, daß sie als die faktische Basis des Willensvermögens geschützt werden.

Daraus ergibt sich folgendes: Eine Einwilligung in die Rechtsgutsverletzung schließt nicht den Tatbestand aus. Andererseits erfordert die Anerkennung des Menschen als Willenswesen die Berücksichtigung des auf Zerstörung des Rechtsgutes gerichteten Willens des Rechtsgutsträgers. Leben, Gesundheit und Körper werden nicht als an sich vorhanden angesehen, sondern es wird anerkannt, daß der Mensch zu ihnen in einem Verhältnis der Freiheit steht. Daraus folgt einmal die Straflosigkeit der Beihilfe zum Selbstmord[52] und zur Selbstverstümmelung[52]. Zum anderen erklären sich hieraus die §§ 216, 226 a StGB.

---

[51] Vgl. statt vieler *Maurach*, BT., S. 12 ff., 82 f.; beschränkte Verzichtbarkeit des Rechtsgutes der Körperintegrität; *Mezger/Blei*, Studienbuch AT., S. 124: Keine Dispositionsbefugnis über das Rechtsgut; ähnlich *Schmidhäuser*, Strafrecht AT., S. 214/5.

[52] Selbstmord und Selbstverstümmelung sind nach unserem Ansatz bereits deshalb straflos, weil die Straftatbestände nur die Rechtsgüter des anderen schützen. Etwas anderes würde sich ergeben, wenn man auch diese Rechtsgüter zu solchen der Gemeinschaft erhebt. Dann aber wäre die skeptische Be-

Unter Berücksichtigung der grundsätzlichen Anerkennung des freien Willens des einzelnen in bezug auf diese Rechtsgüter ist de lege lata die Frage zu entscheiden, wann eine Körperverletzung gegen die guten Sitten im Sinne des § 226 a StGB verstößt. De lege ferenda würde eine konsequente Anerkennung des Willens des einzelnen zu einem allgemeinen Rechtfertigungsgrund der Einwilligung führen[53]. Dagegen sprechen jedoch nicht nur Beweisschwierigkeiten[54], sondern vor allem ein begründetes Mißtrauen in eine Augenblicksentscheidung des einzelnen, in dem ihm sein eigentlicher Wille durch gegenwärtige Bedingungen verdunkelt wird[55].

Mit dem Ergebnis, daß das menschliche Leben als gewolltes anerkannt wird, der Wille aber Bestandteil der Rechtswidrigkeit ist, tritt etwas Wichtiges in den Blick: Das menschliche Leben ist die Einheit von gewolltem und anerkanntem Leben[56]. Erst das Recht trennt das Rechtsgut in den biologischen Teil des menschlichen Lebens, der zum Tatbestand gehört, aber keine Eigenständigkeit hat und als Tatbestandsmerkmal inhaltsleer ist, und den Willen des Trägers, der zur Rechtswidrigkeit gehört. Daher lassen sich auch die Tatbestandsmerkmale Leben, Körper, Gesundheit nicht näher bestimmen.

c) *Das Verhältnis zwischen Täter und Opfer bei den Delikten der dritten Gruppe*

Die Delikte der dritten Gruppe haben mit der ersten gemeinsam, daß eine Auseinandersetzung um Sachgüter stattfindet. Mit der zweiten liegt die Übereinstimmung in der unvermittelten Begegnung des Täters mit

---

merkung von *Marx* treffend, die Gemeinschaft bestimme die Unverzichtbarkeit der Rechtsgüter, um selbst über sie verfügen zu können (S. 65, Anm. 23). Für eine Bestrafung de lege ferenda bei der Beihilfe zum Selbstmord *Friebe*, GA 59, 171, 173, bei eigennützigen Motiven.

[53] Dafür *Marx*, S. 64 ff.
[54] *Marx*, S. 66.
[55] Das gilt vor allem für die Fälle des § 216 StGB, die Anstiftung zum Selbstmord sowie für die freiwillige Sterilisation, Kastration usw. Vgl. *Jescheck*, Lehrb., S. 281: Es stehen „unersetzliche Werte auf dem Spiel".
[56] Besonders interessant für die Frage der Anerkennung des menschlichen Lebens sind die Tatbestände der „Verbrechen gegen die Menschlichkeit". Auf nationaler Ebene sind diese Tatbestände überflüssig; auf nationaler Ebene anerkannten Minderheiten sind bereits durch die übrigen Straftatbestände ausreichend geschützt. Wird eine Gruppe auf nationaler Ebene nicht anerkannt und ihr der Schutz, den die herkömmlichen Straftatbestände bieten, versagt, dann werden ihr die drei neuen Tatbestände (§§ 220a, 234a, 241a StGB) auch nicht helfen. Bedeutung kommt diesen Bestimmungen nur im internationalen, völkerrechtlichen Bereich zu. Die Bestimmungen sind auf Grund völkerrechtlicher Vereinbarungen 1954 (§ 220a) bzw. 1951 (§§ 234a, 241a) in das StGB aufgenommen worden. Sie bedeuten, daß den nationalen Minderheiten, für die diese Bestimmungen gelten, die Anerkennung der Völkerrechtsgemeinschaft zugesichert wird, auch wenn sie auf nationaler Ebene nicht anerkannt werden.

2. Das Verhältnis des Täters zum Opfer bei den einzelnen Delikten

dem Opfer. Es sind Vermögens- bzw. Eigentumsdelikte — auf den Vermögensvorteil bwz. die Erlangung der Sache kommt es dem Täter an —, bei der die Begehungsweise auch die persönliche Freiheit oder die körperliche Unversehrtheit beeinträchtigt. Dennoch sind diese Delikte nicht auf die der ersten Gruppe zurückzuführen. Den Raub als ein aus Diebstahl und Nötigung zusammengesetztes Delikt anzusehen, entspricht einer an den Straftatbeständen orientierten, formalen Betrachtungsweise, die die Wirklichkeit des Geschehens nicht erfaßt[57].

Im Gegensatz zu dieser Betrachtungsweise muß die Art der Begegnung des einen mit dem anderen, bei der eine unvermittelte Auseinandersetzung um Gegenstände der Sachgüterwelt stattfindet, in ihrer Bedeutung für die menschliche Existenz untersucht werden. Nur dann können diese Delikte in ihrem Wesen erfaßt werden. Das kann aber nur im Zusammenhang mit einer Theorie der Intersubjektivität gelingen. Dies soll in Teil B und Teil C versucht werden. Zu dieser Gruppe gehören auch die räuberische Erpressung („Geld-oder-Leben"-Fall) und einzelne Fälle der Nötigung, bei denen der Täter mit einem Nötigungsmittel einen ihm an sich zustehenden Anspruch durchsetzt[58].

d) Das Verhältnis zwischen Beleidiger und Beleidigtem

Das geschützte Rechtsgut bei den Delikten der vierten Gruppe ist nach ganz h. M. die Ehre[59]. Erheblich auseinander aber gehen die Meinungen

---

[57] Mit Recht sieht die h. M. den Raub als ein Delikt sui generis an (vgl. *Maurach*, BT., S. 247; *Schönke/Schröder*, Rdnr. 1 zu § 249). Als Begründung wird angeführt, die Verquickung von Gewalt bzw. Drohung und Wegnahme sei eine solche, daß sich das Wesen der Tat verändert (*Maurach*, BT., S. 249). Die Fälle des überraschenden Wegreißens einer Sache, bei denen das Opfer keine Zeit hat, Widerstand zu leisten, entsprechen in der Art der Begegnung von Täter und Opfer dem Raub. Stellt man auf das verletzte Rechtsgut ab, dann liegt Diebstahl vor. Daraus erklärt sich das Problem der Subsumtion dieser Fälle.

[58] Das ist der Fall des BGH 2, 194 ff.
Ein zusätzliches Problem stellt sich dadurch, daß die Delikte der ersten und der dritten Gruppe z. T. Vermögensdelikte sind (z. B. Betrug, Erpressung). Hier ist das Opfer Inhaber einer Gesamtheit von Gütern, die ihm von der Gemeinschaft zugeordnet werden. Daß das Vermögen nicht einfach die Summe der einzelnen Sachen ist und daß daher das Verständnis des anderen als Inhaber von Vermögen von komplizierterer Struktur ist, als das Verständnis des anderen als Inhaber einzelner Sachen (Eigentümer), zeigt anschaulich die Diskussion um den Begriff des Vermögens (vgl. dazu *Cramer*). Wir brauchen auf diese Problematik nicht näher einzugehen, weil das Verhältnis des Täters zum Opfer bei den Vermögensdelikten nicht grundsätzlich anders ist als bei den Eigentumsdelikten. Die Gesellschaft bietet bestimmte Möglichkeiten, sein Hab und Gut noch auf andere Weise zu verwenden, als durch eigenen Gebrauch, Verbrauch oder Tausch. Hieraus ergeben sich auch noch andere Möglichkeiten, sich unrechtmäßig auf Kosten anderer zu bereichern, als durch Wegnahme einer Sache. Das macht sich der Täter zunutze. So handelt der Betrüger pfiffiger als der Dieb, der Erpresser pfiffiger als der Räuber.

[59] Sieht man die Beleidigung als eine Verletzung des Rechtsfriedens an (so

in der Frage, was unter „Ehre" zu verstehen ist. Die Vertreter eines faktischen Ehrbegriffes sehen die Ehre entweder im faktischen Ehrgefühl[60] oder in dem faktischen Ansehen, das eine Person bei ihren Mitmenschen genießt[61]. Demgegenüber sehen die Vertreter eines normativen Ehrbegriffes in der Ehre den Wert eines Menschen[62] oder den Anspruch eines Menschen auf Achtung seiner Persönlichkeit[63]. Wir brauchen uns nicht für eine der Meinungen zu entscheiden. Wie auch bei den übrigen Gruppen gehen wir nur auf das ein, was selbstverständlich erscheint, was aber bisher kaum reflektiert wurde und in seiner Bedeutung erkannt ist.

Alle genannten Definitionen der Ehre setzen ein Selbstverständnis des einzelnen als Selbständigen innerhalb einer diese Selbständigkeit mitkonstituierenden Gemeinschaft voraus[64]. Das faktische Ehrgefühl ist das Selbstverständnis des einzelnen als wertvolles Glied der Gemeinschaft. Es ist verletzbar, weil der einzelne es mit durch die anderen gestützt und aufrechterhalten weiß. Sieht man das faktische Ansehen einer Person als das geschützte Rechtsgut an, dann ist der Schluß zwingend, daß dieses faktische Ansehen die Person mitkonstituiert, weil es sich sonst nicht um ein Rechtsgut des Beleidigten handeln würde, sondern nur die anderen in ihrer Meinung von dem Beleidigten geschützt wären — eine abwegige Vorstellung. Die Annahme, das faktische Ansehen sei das geschützte Rechtsgut der Beleidigung, führt also zu dem Schluß, daß der einzelne sich definiert als von den anderen so oder so angesehen und beurteilt. Versteht man das geschützte Rechtsgut der Beleidigung rein normativ als Wert oder als Achtungsanspruch einer Person, dann folgt aus seinem strafrechtlichen Schutz, daß der Wert gemeinschaftsbezogen ist. Der Wert der Person liegt in der von anderen gezollten oder zu zollenden Achtung, und er ist verletzbar durch Verweigerung der Achtung oder Kundgabe der Mißachtung.

Daraus ergibt sich, daß die Tatsache, daß die Ehre verletzbar ist, nicht die Selbständigkeit des einzelnen widerlegt und daß auch diese Delikte einen Angriff auf die Selbständigkeit des einzelnen darstellen. Nur stellt sich hier die Selbständigkeit als eine gemeinschaftliche Leistung dar[65]. Hieraus folgt, daß der Beleidiger den Beleidigten wissen muß als einen, dem es in seinem gesellschaftlichen Sein um seine Selbständigkeit geht und sich selbst als einen, in dessen Macht es steht, die Selbständigkeit des anderen zu beeinträchtigen.

Bassenge; Bockelmann, S. 17, 21, 23, 53), dann gehört sie nicht zu den Delikten gegen den einzelnen, sondern zu den Straftaten gegen die Gemeinschaft.
[60] zu *Dohna,* Unzucht und Beleidigung, DStR 1941, 36.
[61] *Maurach,* BT., S. 130; *v. Liszt/Schmidt,* S. 506.
[62] *Hirsch,* S. 30.
[63] BGH 1, 289.
[64] Vgl. dazu *Wolff,* insbes. S. 896 ff.
[65] *Wolff,* S. 894.

B. Das Verhältnis von einem zum anderen bei Kant, Heidegger und Sartre

Wir hatten im vorigen Kapitel gesehen, daß die Straftatbestände den einzelnen in seiner Selbständigkeit vor Eingriffen anderer schützen: Leib und Leben als die faktische Basis des selbständigen Willens, sein Verhältnis der Selbständigkeit zu Gegenständen der Sachgüterwelt sowie die Ehre als das die Selbständigkeit ermöglichende Verhältnis zur Mitwelt.

Hierbei kann eine strafrechtliche Erörterung nicht stehenbleiben, da das Strafrecht nicht Sanktionen für eine bloße Erfolgsverursachung enthält, sondern das Verhältnis der Bewußtseinsindividuen untereinander gerade als bewußtes Verhältnis dadurch regelt, daß es Normen aufstellt, wobei es für unsere Frage unerheblich ist, ob es sich um Bewertungs- oder um Bestimmungsnormen handelt. Das eigentliche, strafrechtliche Problem besteht daher in dem Verhältnis des Täters zum Opfer, in dem aktuellen (Vorsatz) oder potentiellen (Fahrlässigkeit) Wissen des Täters von dem selbständigen Willen seines Opfers sowie in dem Unrechtsbewußtsein als einem näher zu untersuchenden Wissen des Täters von sich selbst in seiner Konstitution zum anderen.

In der Einleitung hatten wir gesehen, daß das Problem des Unrechtsbewußtseins nicht zu lösen ist, wenn man nach dem Inhalt des Unrechtsbewußtseins fragt, weil man damit das Unrechtsbewußtsein unausgesprochen einem Gegenstandsbewußtsein gleichsetzt. Das führte uns dazu, das Unrechtsbewußtsein über das Verhältnis zum Mitmenschen zu erfassen zu versuchen.

Bei der Frage, was für ein Verhältnis des einen zum anderen das Strafrecht voraussetzt, haben wir als nächstes Charakteristikum ein Wissen vom anderen als Selbständigen erkannt. Schon dieses Wissen unterscheidet sich wesentlich von einem Gegenstandsbewußtsein, weil gerade ein positiver Inhalt dessen, was der Täter vom anderen wissen muß, fehlt. Ich kann mein positives Wissen vom anderen beliebig vermehren, ich mag alle seine Organe und Körperteile in ihren Funktionsweisen erklären können, ich mag seine Reaktionsweisen auf bestimmte äußere Einflüsse erkennen können, seine Selbständigkeit kann ich dadurch nicht erfassen.

Daher stellt sich hier das Problem, auf welche Weise ich denn von seiner Selbständigkeit Kenntnis erlangen kann. Dieses Problem kann seinem Wesen nach nur über die Frage gelöst werden, was die Selbständigkeit für die menschliche Existenz bedeutet.

1. Die Autonomie des Menschen in der Kantischen Philosophie

Die Bedeutung der Selbständigkeit des Menschen ist vor allem in der Kantischen Philosophie entwickelt worden. Es ist daher nun die Frage zu untersuchen, wie Kant die Selbständigkeit des Menschen begründet und was sie im Rahmen seiner Philosophie bedeutet. Wir werden sehen, wie weit sich daraus auch die weiteren Fragen beantworten lassen, z. B. wie man von der Selbständigkeit des Menschen Kenntnis erhält, ob sie etwa ein möglicher Gegenstand der Erfahrung ist, ob es sich um einen Erkenntnisakt handelt oder ob eine andere Einstellung dem anderen gegenüber erforderlich ist.

In seiner Grundlegung zur Metaphysik der Sitten geht *Kant* von der Frage aus, welches die eigentlich moralischen Gesetze seien, die a priori gelten und nichts enthalten, was nur empirisch sein mag und zur Anthropologie gehört. Daß es solche Gesetze geben muß, ist für ihn nicht zweifelhaft, es leuchte „aus der gemeinen Idee der Pflicht und der sittlichen Gesetze"[1] von selbst ein. „Jedermann muß eingestehen, daß ein Gesetz, wenn es moralisch, d. i. als Grund einer Verbindlichkeit, gelten soll, absolute Notwendigkeit bei sich führen müsse...; daß mithin der Grund der Verbindlichkeit hier nicht in der Natur des Menschen, oder den Umständen in der Welt, darin er gesetzt ist, gesucht werden müsse, sondern a priori lediglich in Begriffen der reinen Vernunft, und daß jede andere Vorschrift, die sich auf Prinzipien der bloßen Erfahrung gründet..., zwar eine praktische Regel, niemals aber ein moralisches Gesetz heißen kann[2]." Die moralischen Gesetze sind im Gegensatz zu den Naturgesetzen Gesetze der Freiheit. Sie richten sich an die Person. In der letzten Phase seiner gedanklichen Entwicklung nannte er als Instanz des Menschen, die dann von Bedeutung ist, das Begehrungsvermögen des Menschen, d. h. das Vermögen, durch seine Vorstellungen Ursache der Gegenstände dieser Vorstellungen zu sein[3]. Die Freiheit, nach Belieben zu handeln oder nicht zu handeln, begründet die Willkür[4]. Wird der Bestimmungsgrund des Begehrungsvermögens in der Vernunft des Subjekts angetroffen, dann ist das Begehrungsvermögen Wille[5]. Allein ein guter Wille kann ohne Einschränkungen für gut gehalten werden; der Wille wird nicht durch das gut, was

---

[1] Grundlegung, S. 5.
[2] Grundlegung, S. 5.
[3] MdS, S. 10.
[4] MdS, S. 13/14.
[5] Grundlegung, S. 32/33.

1. Die Autonomie des Menschen in der Kantischen Philosophie

er bewirkt, oder durch seine Tauglichkeit zu einem bestimmten Zweck, sondern allein durch das Wollen, d. h. er ist an sich gut. Ein Zweck kann niemals absolut gut sein, denn er erhält seinen Wert durch das empirische, menschliche Begehren.

Der an sich gute Wille ist nicht auf persönliche Glückseligkeit gerichtet und folgt nicht individuellen Neigungen, sondern er will, weil es Pflicht ist. Der moralische Wert einer Handlung liegt nicht in der Absicht, die verfolgt wird, sondern in der Maxime, nach der sie beschlossen wird. Das liegt im Prinzip des Willens und gilt a priori.

Pflicht ist die Notwendigkeit einer Handlung aus Achtung fürs Gesetz. Pflichtmäßig handeln heißt, vernünftig handeln, da das Gesetz und die Vernunft beide allgemein sind. Da aber die Vorstellung des Gesetzes selbst, ohne auf die daraus erwartete Wirkung Rücksicht zu nehmen, den Willen bestimmen muß, bleibt als Gesetz nur die allgemeine Gesetzmäßigkeit der Handlung selber übrig, d. h. ich solle niemals anders verfahren, als so, daß ich auch wollen könne, meine Maxime solle ein allgemeines Gesetz werden[6]. Wenn es also überhaupt einen kategorischen Imperativ gibt, dann muß er lauten: handle nur nach derjenigen Maxime, durch die du zugleich wollen kannst, daß sie ein allgemeines Gesetz werde[7]. Grund für diesen kategorischen Imperativ müßte etwas sein, dessen Dasein an sich selbst einen abolutem Wert hat, das Zweck an sich selbst ist. Dieses Selbstzweck seiende Etwas ist die vernünftige Natur, denn so stellt sich notwendig der Mensch sein eigenes Dasein vor und auch jedes andere vernünftige Wesen, zufolge ebendesselben Vernunftgrundes, der auch für mich gilt[8]. Der praktische Imperativ ist also folgender: „Handle so, daß du die Menschheit sowohl in deiner Person, als in der Person eines jeden anderen, jederzeit zugleich als Zweck, niemals bloß als Mittel brauchst[9]." Dieses Prinzip der vernünftigen Natur, ein Zweck an sich selbst zu sein, ist deshalb nicht aus der Erfahrung entlehnt, weil darin die Menschheit nicht als subjektiver Zweck der Menschen vorgestellt wird, sondern als objektiver

---

[6] Grundlegung, S. 20.

[7] Grundlegung, S. 42.

[8] Diese Stelle zeigt, daß *Maihofer* Unrecht hat, wenn er meint, die Unterwerfung unter die allgemeine Ordnung bei *Kant* geschehe nur in der Form autonom, ihrem Inhalt nach sei sie „reine Heteronomie, eines nach den Maßstäben des Jedermann gelebten Lebens" (Vom Sinn, S. 22). *Maihofer* sieht nicht, daß auf dieser Reflexionsstufe der Imperativ und auch die anderen, der „Jedermann", meine eigene Schöpfung sind, Ergebnis der Erhebung meiner selbst zum Allgemeinen. *Maihofers* Interpretation ist an dem Begriff des „Man" bei *Heidegger* orientiert und verfehlt damit *Kant*, weil bei *Heidegger* das Dasein sich — ganz im Gegensatz zum Kantischen Subjekt — als In-der-Welt-sein von der Welt her bestimmen lassen kann, was es ist (vgl. dazu unten, B. 2. am Anfang).

[9] Grundlegung, S. 52.

Zweck, der, wir mögen Zwecke haben, welche wir wollen, als Gesetz die oberste einschränkende Bedingung aller subjektiven Zwecke ausmachen soll, und mithin aus der reinen Vernunft entspringen muß.

Daraus folgt die Idee eines Willens eines jeden vernünftigen Wesens als eines allgemein gesetzgebenden Willens. Dies ist die einzige Bedingung, unter der der Wille niemals mit sich selbst in Widerspruch stehen kann, die Bedingung der Autonomie des Menschen, daß er seiner eigenen, aber doch allgemeinen Gesetzgebung folgt. Die Verbindung der vernünftigen Individuen untereinander geschieht durch die gemeinschaftlichen Gesetze. Daß der Wille an sich auf eine allgemeine Gesetzgebung gerichtet ist, wird in der Empirie zu einem Sollen, weil der empirische Mensch jeweils bestimmte Zwecke verfolgt, also nicht autonom, sondern heteronom ist. Er ist nur an sich autonom, d. h. der empirische Mensch soll autonom sein. Das nennt *Löwith* die „ontologische Zweideutigkeit der menschlichen Seinsverfassung" in der Kantischen Philosophie[10].

Die bisherige Ableitung *Kants* ging davon aus, daß es überhaupt für den Menschen eine Verpflichtung gibt und hat analytisch zerlegt, daß der Grund aller Sittlichkeit dann der kategorische Imperativ sein muß. Daß dieser aber wirklich verpflichtet, daß die Verpflichtung des kategorischen Imperativs wirklich möglich und notwendig ist, kann nach *Kant* nicht in einer Metaphysik der Sitten abgeleitet werden, da es ein synthetisch praktischer Satz a priori sei. Für diese Ableitung sei ein möglicher synthetischer Gebrauch der reinen praktischen Vernunft erforderlich, dem aber eine Kritik dieses Vernunftvermögens vorangehen müsse[11].

Um die Möglichkeit einer Verpflichtung darzutun, greift *Kant* auf das Ding an sich zurück: Sittlichkeit setzt die Idee der Freiheit voraus, die notwendig für alle vernünftigen Wesen gelten muß. Wie alle Gegenstände der Erfahrung erfährt der Mensch sich selber und andere Menschen als dem Prinzip der Kausalität unterworfen. Da wir aber die Gegenstände nur in der Weise erkennen, wie sie uns „affizieren", folge daraus, „daß man hinter den Erscheinungen noch etwas anderes, was nicht Erscheinung ist, nämlich die Dinge an sich, einräumen ... müsse"[12], wenn wir auch niemals wissen können, was sie an sich sind. Der Mensch muß also sich und alle Vernunftwesen setzen als Verstandeswesen, von welchem Standpunkt aus er nicht zwingend der Kausalität unterworfen ist, sondern für ihn die Möglichkeit der Freiheit und Autonomie besteht[13].

---

[10] Das Ind. in d. Rolle des Mitmenschen, S. 75.
[11] Grundlegung, S. 70.
[12] Grundlegung, S. 77.
[13] In seinem Buch „Das Schuldprinzip" bestreitet Art. *Kaufmann* mit den

1. Die Autonomie des Menschen in der Kantischen Philosophie

Diese Ableitung der Selbständigkeit des Menschen in der Kantischen Philosophie bringt folgendes Ergebnis: Der konkrete, mir begegnende Mensch kann nicht von mir als Selbständiger erfahren werden, weil er sich für eine bloß empirische Betrachtung jeweils in einer bestimmten Situation befindet und dort bestimmte Zwecke verfolgt, d. h., nach seiner Glückseligkeit strebt und also gar nicht selbständig ist. Durch die Begegnung mit ihm kann aber auch nicht seine Selbständigkeit an sich erkannt werden, denn die Erkenntnis ist immer a priori oder sie hat ihre Quelle in der Erfahrung[14]. Da eine empirische Erkenntnis ausscheidet, kommt nur eine solche a priori in Betracht. Eine Erkenntnis a priori hätte aber keinen unmittelbaren Bezug zum empirischen Menschen. Sie könnte insbesondere nicht durch eine Begegnung mit ihm veranlaßt sein.

Das Wissen von der Selbständigkeit des Menschen ist also kein Akt theoretischen Erkennens. Es gehört vielmehr in den Bereich der praktischen Vernunft. Die Pflicht, die in dem kategorischen Imperativ ihre Gestalt hat, enthält unmittelbar die Pflicht, den Menschen als Selbständigen anzusehen. Sie richtet sich an den Willen des einzelnen. Diese Form, den anderen zu erfassen, ist kein Erkennen, sondern ein „Anerkennen".

Vertretern einer materialen Wertethik die Autonomie der Person. Er wirft *Kant* vor, seine Ethik sei im Kern subjektivistisch. Nach dem kategorischen Imperativ könne „schlechthin jeder Inhalt zur Pflicht erhoben werden" (S. 120 mit Berufung auf *Hegel*, Schriften zur Politik und Rechtsphil., S. 531). Er schließt daraus, daß der Mensch nicht sittlich autonom sei, daß vielmehr objektive materiale Werte existieren. Er meint, *Kant* habe die „geschöpfliche Natur des Menschen" verkannt (S. 122).

Wir hatten oben, Einl. 5., gesehen, daß es auf die Existenz materialer Werte für unsere Frage nicht ankommt, so daß diese grundsätzliche Frage außer Betracht bleiben kann. *Kaufmanns* Schluß auf die Existenz materialer Werte ist auch nicht zwingend. Auch wenn man unterstellt, daß sich aus dem kategorischen Imperativ keine konkreten Pflichten ergeben, läßt das nur den Schluß zu, daß er für diese Frage unzureichend ist, nicht aber, daß er falsch ist. *Kaufmann* setzt durch sein Bekenntnis zur materialen Wertethik in der Argumentation an einem anderen als dem Kantischen Standpunkt erneut an, ohne dann dort die Argumentation weiterzubringen.

Auch *Welzel* hält eine materiale Wertethik für erforderlich (Vom irrenden Gew., S. 16; Ges. u. Gew., S. 392), meint aber, *Kant* habe in der Idee der sittlichen Person den materialen Mindestgehalt einer Ethik selber bestimmt (Vom irr. Gew., S. 27; NatR. u. mat. Ger., S. 170; Festschrift f. Niedermeyer, S. 293). Dem stimmt man zu. Einen solchen materialen Mindestgehalt muß er deshalb annehmen, weil er nicht sieht, daß mit dem kategorischen Imperativ das Subjekt sich definiert als im Verhältnis zu anderen stehend; so meint *Welzel*, daß, wollte ein Gesetz seine Geltung von der Gewissensbilligung des einzelnen abhängig machen, es den Subjektivismus, den Solipsismus (!) und die Anarchie zum Prinzip erhöbe (Ges. u. Gew., S. 400) — als hätte das Gewissen mit dem Verhältnis zum anderen nichts zu tun. Mit der Ansicht der Idee der sittlichen Person als einem materialen Wert verliert das Verhältnis zum anderen seine grundsätzliche Bedeutung. An seine Stelle tritt das Verhältnis des einzelnen zu diesem materialen Wert. Vgl. hierzu oben, Einl. 5.

[14] KrdrV, S. 38/39.

Dieses Ergebnis stimmt überein mit unserer Analyse des Willensmomentes bei den Rechtsgütern. Die Verbindung des einzelnen mit seinem Rechtsgut geschieht durch seinen Willen. Dieser ist als von den anderen unabhängig von jedem anzuerkennen. Grundlage für die Anerkennung des Willens bei den einzelnen Rechtsgütern kann nur die grundsätzliche Anerkennung des anderen als Selbständigen sein. In beiden Fällen kann kein Erkenntnisakt, sondern nur ein Willensakt vorliegen. Damit ist die Ansicht, die davon ausgeht, die Rechtsgüter und das selbständige Subjekt seien an sich vorhanden, überwunden.

Dies ist der eigentliche Grund für die Trennung von normativen und deskriptiven Tatbestandsmerkmalen, und allgemeiner, für den Methodendualismus: Normative Tatbestandsmerkmale sind solche, die unmittelbar die Anerkennung des anderen als eines Selbständigen voraussetzen: „Fremdheit" der Sache setzt voraus, daß jemand die Sache unter Ausschluß aller anderen für sich hat, „Unzüchtigkeit" von Handlungen setzt die geschlechtliche Selbstbestimmung voraus, „Ehe" setzt den freien Akt der Eheschließung und dessen Anerkennung durch die Gemeinschaft voraus, „Beamter" die Möglichkeit, für andere als die eigenen Interessen zu arbeiten und die Anerkennung dieser die Selbständigkeit voraussetzenden Möglichkeit von seiten der Allgemeinheit.

Normative Tatbestandsmerkmale können als solche nicht erfahren werden, sondern es ist ein Akt der Wertung nötig. Dieser Wertung liegt die Anerkennung der Selbständigkeit des anderen zugrunde. Wenn neuerdings wieder vertreten wird, daß keinem Tatbestandsmerkmal das normative Element ganz fehlt[15], dann liegt das daran, daß kein Tatbestandsmerkmal ganz ohne den Begriff des anderen sinnvoll ist. Die bisher als deskriptiv bezeichneten Tatbestandsmerkmale können zwar gedacht werden, ohne daß notwendig ein selbständiger anderer mitgedacht werden muß; sie fordern aber einen selbständigen anderen mindestens als Kontrollinstanz: ein Gebäude, eine Wohnung, ein Behältnis müssen für jeden für bestimmte Zwecke dienlich sein; Beweglichkeit einer Sache, soweit Beweglichkeit deskriptiv verstanden wird (nicht z. B. die „Unbeweglichkeit" eingetragener Seeschiffe), setzt einen anderen voraus, der mir als Zeuge die Beweglichkeit der Sache bestätigt.

Erklärt die Philosophie *Kants* zwar den Unterschied zwischen normativen und deskriptiven Tatbestandsmerkmalen, so reicht sie doch nicht für ein zureichendes Erfassen der Fremdexistenz und damit im Strafrecht für eine zureichende Begründung der Rechtswidrigkeit aus. Denn die Philosophie Kants bietet keinen Widerstand dagegen, mit einem

---

[15] Vgl. Art. *Kaufmann*, Schuldprinzip, S. 185, der *Thierfelder* zitiert. Alle Tatbestandsmerkmale seien mit einem „normativen Gespinst" überzogen (*Thierfelder*, S. 58). Vgl. auch *Rudolphi*, GA 1965, 36 (Begriff der Sache als normatives Tatbestandsmerkmal).

strengen Methodendualismus die Welt schlechthin in einen Bereich des Sollens und einen Bereich des Seins zu zerlegen. Dann aber wird es unmöglich, den wirklichen anderen als Selbständigen zu erfassen: so wie er Gegenstand der Erfahrung ist, so ist er Gegenstand der „Seinswissenschaften", ein Objekt der Erkenntnis, das sich erfahrungsgemäß so oder so verhält. Als Selbständiger wird er gesetzt von der Rechtswissenschaft als einer normativen Wissenschaft. Da er in dieser Weise nicht erfahren werden kann, muß die Welt der Normativität unüberbrückbar getrennt sein von der Welt der Faktizität. In seiner Selbständigkeit muß der andere in anderer Weise erschlossen werden als durch die Erfahrung.

Wenn aber der Mensch nach *Kant* an sich vernünftig ist, die Vernunft aber allgemein ist, dann ist die Beziehung der Bewußtseinsindividuen untereinander, nämlich die nach allgemeinen Gesetzen, an sich eine Seinsbeziehung. Diese Aussage ist eine metaphysische[16], weil dieses An-sich-Sein des Menschen niemals der Erfahrung zugänglich sein kann. Der empirische Mensch verwirklicht diese Seinsbeziehung jeweils nicht. Sie wird ihm daher zur Pflicht. Die Verbindung der empirischen Menschen untereinander ist daher „nur" eine ethische[17].

---

[16] Nach *Heidegger* ist sie eine ontologische (vgl. Kant und das Problem der Metaphysik). Daß die Kantische Ethik auf eine Ontologie hinausläuft, stellt für *Lukacs* einen Bruch in der Kantischen Philosophie dar (Geschichte und Klassenbewußtsein, S. 231 ff.; Zur Ontologie des gesellschaftlichen Seins, S. 5).

[17] Daß sich die Sollenssätze aus dem ergeben, was an sich ist, übersieht der Methodendualismus der Rechtsphilosophie, wenn er *Kant* unterstellt, die Welt des Seins auf der einen Seite und die des Sollens und der Werte auf der anderen Seite voneinander getrennt zu haben. Das, was *Radbruch* für die Welt des Sollens und der Werte hält, ist nach *Kant* Sein an sich (so auch *Kaufmann*, Schuldprinzip, S. 120; *Maihofer*, Vom Sinn, S. 23). Was *Radbruch* und mit ihm die Vertreter einer wertfreien Seinswissenschaft für Sein halten, ist nach *Kant* wertbezogen sein, schon weil wir nach den Prinzipien der Urteilskraft die Dinge nur in dem erfahren, was sie für uns sind. Für uns sind sie aber jeweils schön oder häßlich, nützlich oder unnütz usw.

Radbruch zieht in seiner Rechtsphilosophie die Verbindung zwischen Sein und Sollen über die faktische Rechtsordnung (S. 174 ff.). Danach gilt das Recht, zwar „nicht, weil es sich wirksam durchzusetzen vermag, sondern es gilt, wenn es sich wirksam durchzusetzen vermag, weil es nur dann Rechtssicherheit zu gewähren vermag" (Rechtsphilosophie, S. 180). Hier wird der zweite Schritt vor dem ersten getan: Die faktische Rechtsordnung regelt die faktischen Beziehungen der Bewußtseinsindividuen untereinander. Die Bedingung der Möglichkeit hierfür besteht darin, daß die faktischen Beziehungen der Bewußtseinsindividuen für das Recht ansprechbar sind. In ihnen muß also die ursprüngliche Verbindung zwischen Sein und Sollen liegen. Die Auffassung *Radbruchs*, auch das verbrecherische Gesetz sei besser als kein Gesetz, weil es wenigstens Rechtssicherheit schaffe (Rechtsphilosophie, S. 352 [Anhang aus dem Jahre 1946], vgl. auch S. 181 ff.), erweist sich als nicht haltbar, wenn sich herausstellt, daß die Beziehungen der Bewußtseinsindividuen untereinander ursprünglich rechtliche Gesichtspunkte enthalten. Es ergibt sich dann auch von selbst, daß der Rechtscharakter z. B. all jenen Gesetzen fehlt, „die Menschen als Untermenschen behandelten und ihnen die Menschenrechte versag-

Damit aber hat man keine genügende Basis, die Selbständigkeit des anderen zu erfassen. Das wird deutlich, wenn man sich fragt, wie man Kenntnis von der Verpflichtung erhält, den anderen als Selbständigen anzuerkennen. Nach *Kant* ist das Prinzip der vernünftigen Natur, ein Zweck an sich selbst zu sein, nicht aus der Erfahrung entlehnt. Das heißt, nicht die Begegnung mit einem anderen vermittelt mir das Bewußtsein dieser Verpflichtung ihm gegenüber; vielmehr erfahre ich den anderen primär als dem Prinzip der Kausalität unterworfen. Um den anderen als Selbständigen anzusehen, muß ich einen anderen Standpunkt einnehmen als den der primären Erfahrung[18].

Für die Frage, die wir uns gestellt haben, nämlich die Frage nach dem Zusammenhang zwischen der Anerkennung der Selbständigkeit des anderen und dem Unrechtsbewußtsein, das ein Bewußtsein der Handlung als der eigenen unter rechtlichen Gesichtspunkten ist, bringt die Kantische Philosophie nichts. Für *Kant* ist eine „vorsätzliche Übertretung" „diejenige, welche mit dem Bewußtsein, daß sie Übertretung sei, verbunden ist"[19]. *Kant* macht also keinen Unterschied zwischen dem Vorsatz als dem Wissen vom anderen und dem Unrechtsbewußtsein als einem Wissen von sich selbst[20]. Er stellt nicht die Frage nach den Bedingungen, unter denen mir meine Handlung zum Gegenstand des Bewußtseins wird. Das liegt daran, daß *Kant* wie auch in seinen erkenntnistheoretischen Schriften[21] von dem sich seiner selbst bewußten Ich ausgeht. Dieses ist ihm gewiß, und wo er auf dessen Voraussetzungen zu sprechen kommt, sind es Voraussetzungen a priori für ein Vernunftwesen[22], nicht aber die Voraussetzungen für ein Selbstbewußtsein in einer praktischen Situation.

Weil *Kant* diese Frage nicht stellt, beantwortet seine Philosophie nicht nur unsere Fragestellung nicht, sondern *Kant* stößt selbst auf immanente Grenzen seines Ansatzes. Die Bedingungen a priori, die für ein Selbstbewußtsein gegeben sein müssen, reichen nicht aus, um ein Selbstbewußtsein in der Empirie zu begründen, und zwar nach *Kant* deshalb nicht, weil der empirische Mensch jeweils gerade nicht sein Sein an sich verwirklicht. Die Feststellung, der Täter habe Unrechts- und Rechtsbewußtsein, kann also nicht mit dem Argument, er sei als

---

ten" (*Radbruch*, Rechtsphilosophie, S. 354), weil die Beziehung der Personen untereinander ursprünglich rechtlicher Art ist und die Rechtsordnung ihr in dem Fall widerspricht. *Radbruch* bleibt für seine Meinung die Begründung schuldig.

[18] Grundlegung, S. 76.
[19] MdS, S. 27.
[20] Zum Verhältnis von Vorsatz und Unrechtsbewußtsein im einzelnen, s. u., C. 2.
[21] Vgl. *Habermas*, Erkenntnis und Interesse, S. 27 ff.
[22] z. B. Grundlegung, S. 86 für den Begriff der Freiheit.

1. Die Autonomie des Menschen in der Kantischen Philosophie

Vernunftwesen an sich sich seiner selbst bewußt, getroffen werden. Dieses Problem hat *Kant* zwar gesehen, es wird aber in seiner Philosophie nicht ausgearbeitet und kommt in seinen Auswirkungen nicht zur Geltung: *Kant* geht von einer Definition der moralischen Persönlichkeit aus. Sie ist „nichts anderes als die Freiheit eines vernünftigen Wesens unter moralischen Gesetzen (die psychologische aber bloß das Vermögen, sich der Identität seiner selbst in den verschiedenen Zuständen seines Daseins bewußt zu werden)"[23]. Das Selbstbewußtsein wird damit für die moralische Persönlichkeit als selbstverständlich vorausgesetzt. Einer Person können nun ihre Handlungen zugerechnet werden. „Zurechnung aber ist das Urteil, wodurch jemand als Urheber (causa libera) einer Handlung ... die alsdann unter Gesetzen steht, angesehen wird[24]." Der Grad der Zurechnungsfähigkeit ist jedoch nicht konstant, sondern „nach der Größe der Hindernisse zu schätzen, die dabei haben überwunden werden müssen". „Daher der Gemütszustand, ob das Subjekt die Tat im Affekt oder mit ruhiger Überlegung verübt habe, in der Zurechnung einen Unterschied macht, der Folgen hat[24]." Dieses ist mit dem von *Kant* vertretenen Talionsprinzip im Strafrecht unvereinbar, weil bei diesem der Gemütszustand des Täters gerade außer Betracht bleibt und nur auf den Handlungserfolg abgestellt wird (vgl. die Beispiele auf den Seiten 160 - 165 MdS).

Mit der fehlenden Fragestellung nach dem Selbstbewußtsein des Ich hängt ein anderer Mangel in der Kantischen Ethik zusammen, der die Grenzen seiner Philosophie für unsere Untersuchung bedingt. Bei *Kant* tritt nämlich der andere im Ansatz gar nicht als anderer auf. *Kant* geht davon aus, daß ich mich grundsätzlich genauso erfahre, wie ich den anderen erfahre, nämlich als dem Prinzip der Kausalität unterworfen und daß ich mich ebenso wie den anderen als Ding an sich denken muß[25]. Die erste Aussage setzt einen Begriff der Erfahrung voraus, der das bloße Wissen vom eigenen Willen noch ausschließt. Sich selbst erfahren bedeutet dann bereits, sich als Gegenstand zu wissen. Dies setzt aber ein Selbstbewußtsein voraus. Primär bin ich mir selbst keineswegs Objekt, sondern Wille, dem sich in der Außenwelt Widerstände entgegensetzen.

Für unsere Frage nach der Struktur des Unrechtsbewußtseins muß gerade die Frage nach dem Unterschied gestellt werden, der zwischen dem Bewußtsein meiner selbst und dem Bewußtsein vom anderen besteht, und dies nicht nur deshalb, weil die Straftatbestände gerade keine unmittelbaren Verpflichtungen gegen sich selbst aufstellen, son-

---

[23] MdS, S. 26/27.
[24] MdS, S. 31 f.
[25] Grundlegung, S. 51.

dern weil mit dem Unrechtsbewußtsein das Selbstbewußtsein zum Problem geworden ist. Mit ihm wird auch das Bewußtsein der Fremdexistenz erneut zum Problem. Sehe ich mich als denjenigen an, der sich grundsätzlich von anderen unterscheidet, dann taucht die Frage auf, wie in der Empirie der andere als derjenige, der gerade nicht Ich ist, von mir die Anerkennung seiner Selbständigkeit erlangen kann. Folgen wir *Kant* in der Argumentation, daß sich selbst als Selbständigen zu wollen konsequenterweise beinhaltet, auch die anderen Vernunftwesen als Selbständige zu wollen, so ist damit noch nicht gesagt, wer in der Empirie als Vernunftwesen anerkannt wird.

Kant behandelt den Unterschied zwischen dem Verhältnis, das ich zu mir selber habe, und dem, das ich zum anderen habe erst in der Tugendlehre bei der Frage nach den Pflichten gegen sich und gegen andere. Sich selbst gegenüber besteht die Pflicht zur eigenen Vollkommenheit, anderen gegenüber zur Förderung ihrer Glückseligkeit[26]. Hier wird der andere als empirisches Wesen erfaßt. Er wird zwar auch als Sein an sich aufgefaßt, dann aber bewußt als Handlungsziel insoweit ausgeklammert, als es direkt um die Forderung dieses Bereiches geht. Die Vollkommenheit des anderen zu fördern, kann nicht eine spezielle Verpflichtung der Tugendlehre sein, weil die eigene Vollkommenheit immer nur vom Individuum selbst bewirkt werden kann. Auch hier setzt *Kant* die Autonomie an sich des Individuums voraus.

2. Das Seinsverhältnis der Bewußtseinsindividuen untereinander nach Heideggers Fundamentalontologie

Darauf, daß bei *Kant* das Ich des (denkenden) Subjekts nicht hinreichend bestimmt wird, weist *Heidegger* hin.

Für unsere Frage nach dem Zusammenhang zwischen der Anerkennung des Anderen als Selbständigen und dem Unrechtsbewußtsein als einem Bewußtsein der eigenen Handlung als der eigenen und damit eines Selbstbewußtseins bietet sich die *Heidegger*sche Fundamentalontologie an, weil sie über die Frage nach dem Wer des Daseins zu dem Verhältnis des Ich zum Anderen kommt. Nach *Heidegger* ist die ausdrückliche Frage nach dem Wer des Daseins deshalb nötig, weil sonst das Dasein unausgesprochen in einem ontologisch unangemessenen Sinn als Vorhandenes verstanden wird (S. 114; S. 320)*. Ein solches Verständnis wirft er auch *Kant* vor (S. 320). Eine Seinsverbindung zwischen Seienden von der Seinsart der Vorhandenheit kann nach *Heidegger*, wie wir noch sehen werden, nicht bestehen. Will man also das Ver-

---

[26] MdS, S. 225/226.
* Die Seitenzahlen ohne nähere Angabe beziehen sich auf „Sein und Zeit".

hältnis der Menschen untereinander klären, ohne durch das unausgesprochene Verständnis des Daseins als Vorhandenes die Möglichkeit einer Seinsverbindung von vornherein auszuschließen, muß also nach dem Sein des Daseins gefragt werden.

Zunächst soll dargestellt werden, wie *Heidegger* von seiner Fragestellung nach dem Sein des Daseins her das Verhältnis der Bewußtseinsindividuen untereinander bestimmt. Unter Punkt b) soll dann anläßlich der *Sartre*schen Kritik an *Heidegger* interpretierend gezeigt werden, welche Beziehung besteht zwischen der Bestimmung des Daseins als In-der-Welt-sein und als Mit-sein.

a) Das Mitsein bei Heidegger

Heideggers Grundfragestellung ist eine ontologische. Er fragt nach dem Sinn von Sein schlechthin. Hierbei geht er davon aus, daß wir uns immer schon in einem Seinsverständnis bewegen. „Dieses durchschnittliche und vage Seinsverständnis ist ein Faktum" (S. 5). Um zur Frage nach dem Sein den rechten Zugang zu gewinnen, ist es nötig, sich der Bedeutung der Frage für den Fragenden selbst bewußt zu werden. Das besagt aber, daß der Fragende selbst sich in seinem Sein durchsichtig machen muß (S. 7). Diesen Vorrang des Daseins vor anderem Seienden bestimmt *Heidegger* in einer vorgreifenden Erörterung: Das Dasein hat je schon ein Seinsverständnis seiner selbst und des nicht daseinsmäßigen Seienden. „Dieses Seinsverständnis ist selbst eine Seinsbestimmtheit des Daseins" (S. 12). Dieses eigene Sein, zu dem sich das Dasein so oder so verhalten kann, nennt *Heidegger* die Existenz, deren Wesen nicht durch die Angabe eines sachhaltigen Was bestimmt werden kann, sondern darin liegt, „daß es je sein Sein als seiniges zu sein hat" (S. 12). Daraus ergibt sich der Vorrang des Daseins: Es ist in seinem Sein durch Existenz bestimmt, und es ist bestimmt durch Seinsverständnis, d. h. durch ein Verständnis seiner selbst und durch ein Verständnis von nicht daseinsmäßigem Seienden.

In diesem Zusammenhang erörtert *Heidegger* die Frage nach dem Sein des Daseins. Um nicht mit einem vorgefaßten Verständnis vom Wesen des Menschen sich die Antwort auf diese Frage zu verbauen, wählt *Heidegger* die „Zugangs- und Auslegungsart derart", daß „dieses Seiende sich an ihm selbst und von ihm selbst her zeigen kann", und zwar in dem, „wie es zunächst und zumeist ist, in seiner durchschnittlichen Alltäglichkeit" (S. 16).

Heidegger geht von der ontischen Feststellung aus, daß das zu analysierende Seiende wir je selbst sind. Das Dasein verhält sich in seinem Sein zu diesem selbst. Darin liegt, daß das Dasein in seinem Sein sich selbst „wählen", „gewinnen", „verlieren" kann. Es ist seine Möglichkeiten. Es kann also sich zu eigen sein oder nicht. Darin gründen die Seinsmodi der Eigentlichkeit und der Uneigentlichkeit (S. 42/43). Die dargestellten Caharktere des Daseins: der Vorrang der Existenz vor der Essenz und die Jemeinigkeit machen den Unterschied des Daseins zu Seiendem von der Seinsart des in der Welt nur Vorhandenen aus. Der Zugang zur Seinsart des Daseins kann nicht in der Weise des Vorfindens gewonnen werden, sondern aus der Existenzialität. In Abgrenzung der Daseinsanalytik zur Psychologie, Biologie und Anthropologie stellt *Heidegger* heraus, daß es die erste Aufgabe der Daseinsanalytik ist zu erweisen, daß der Ansatz eines zunächst gegebenen Ich und Subjekts den phänomenalen Bestand des Daseins von Grund auf verfehlt.

Demgegenüber bestimmt *Heidegger*, ausgehend von dem für das Sein des Daseins konstitutiven Seinsverständnis, die Seinsverfassung des Daseins als In-der-Welt-sein (S. 53). Zur genaueren Analyse dieser Seinsverfassung teilt er dieses einheitliche Phänomen formal in die drei Fragen:

a) nach der Weltlichkeit der Welt,

b) nach dem Wer des Daseins und

c) nach dem In-Sein als solchem, der „ontologischen Konstitution der Inheit" (S. 53).

Vorläufig grenzt *Heidegger* das In-Sein als „der existenziale Ausdruck des Seins des Daseins, das die wesenhafte Verfassung des In-der-Welt-seins hat" (S. 54) ab von dem kategorialen Charakter des Vorhandenseins eines Vorhandenen in einem anderen Vorhandenen. Demgegenüber ist das In-Sein als Existenzial zu verstehen im Sinne von colo, habito, gewohnt sein, vertrautsein mit.

In dem In-Sein gründet das „Sein bei" der Welt. Es bezeichnet den Befund, daß innerweltlich Seiendes für das Dasein begegnet. Es ist daher streng zu trennen von dem Beisammensein zweier vorhandener Dinge, die sich streng genommen nie berühren können, weil Vorhandenes an sich selbst weltlos ist und vorhandene Dinge sich nicht „begegnen" können.

Als faktisches hat das Dasein sich je schon in bestimmte Weisen des In-Seins zerstreut: es hat zu tun mit etwas, stellt etwas her, bestellt und pflegt etwas, verwendet etwas usw. Dieses sein Verhältnis zur Welt charakterisiert *Heidegger* als „Besorgen". Das In-Sein ist somit keine Eigenschaft des Menschen, der Mensch ist nicht und hat überdies noch ein Verhältnis zur Umwelt, sondern die Aufnahme von Beziehungen zur Umwelt ist nur möglich, weil das Dasein In-der-Welt-sein ist. Auch die Erkenntnis ist keine Beziehung eines isolierten Subjekts zu einem Objekt, sondern gründet im Schon-sein-bei-der-Welt.

2. Heideggers Fundamentalontologie

Im dritten Kapitel dieses ersten Abschnittes von „Sein und Zeit" geht *Heidegger* der Frage nach der Weltlichkeit der Welt nach. Er versteht die Welt im ontischen Sinn als das, „‚worin' ein fakt'sches Dasein als dieses ‚lebt'" (S. 65). Die Weltlichkeit der Welt bestimmt *Heidegger* aus einer Analyse des Umgangs in der Welt und mit dem innerweltlich Seienden. Die nächste Art des Umgangs mit innerweltlichem Seiendem ist das hantierende, gebrauchende Besorgen. Das hierbei sich zeigende Seiende ist das Zeug, das durch seine Dienlichkeit, Verwendbarkeit, Handlichkeit immer schon in einer Zeugganzheit auftritt. In dieser Struktur des „Um-zu" liegt eine Verweisung. Der Umgang mit Zeug unterstellt sich der Verweisungsmannigfaltigkeit. Die Seinsart des Zeugs nennt *Heidegger* die Zuhandenheit. Sie ist die „ontologisch kategoriale Bestimmung von Seiendem, wie es ‚an sich' ist" (S. 71).

Von hier aus bestimmt er das In-der-Welt-sein genauer als das „unthematische, umsichtige Aufgehen in den für die Zuhandenheit des Zeugganzen konstitutiven Verweisungen" (S. 76). Den Seinscharakter des Zuhandenen als der Verweisung faßt *Heidegger* terminologisch als Bewandtnis. Aus der Bestimmung des In-der-Welt-seins ergibt sich nun *Heideggers* Definition der Welt: „Das Worin des sich verweisenden Verstehens als Woraufhin des Begegnenlassens von Seiendem in der Seinsart der Bewandtnis ist das Phänomen der Welt" (S. 86). Verfolgt man die Verweisungen des Zuhandenen, dann kommt man letztlich auf ein Wozu, bei dem es keine Bewandtnis hat, das nicht von der Seinsart des Zuhandenen ist, sondern das selbst von der Seinsart des In-der-Welt-sein ist, nämlich das Dasein selbst.

Nach der Bestimmung der Weltlichkeit der Welt untersucht *Heidegger* die Frage nach dem Wer des Daseins. In den diese Frage behandelnden §§ 25 ff. geht es um die ontologische Bestimmung dessen, was bereits ontisch als Jemeinigkeit gekennzeichnet wurde. Ausgehend von dem Sein des Daseins als In-der-Welt-sein und von der Bestimmung der Welt als Mitwelt ist für *Heidegger* das Sein des Daseins auch und gleich ursprünglich Mitsein (S. 118), das erst das Mitdasein der Anderen in der Welt freigibt. Wie auch das Dasein nicht zunächst ist und zudem noch in einer Beziehung zur Umwelt steht, sondern wesensmäßig In-der-Welt-sein ist, so ist es auch nicht zunächst es selbst und zudem noch in einer Beziehung zum Mitmenschen, sondern das Dasein ist nur, sofern und soweit es mit anderen daseinsmäßigen Seienden ist[27]. Das heißt aber, das Verhältnis der Bewußtseinsindividuen untereinander ist ein Seinsverhältnis.

---

[27] In seinen späteren Schriften kommt dieser Ansatz noch deutlicher zum Ausdruck, vgl. insbesondere die *Nietzsche*-Interpretationen I, S. 577: „Auch der einzelne Mensch ist als Einzelner immer schon und immer nur dieser: der zum Mitmenschen sich Verhaltende, von den Dingen Umwaltete..." Die

B. Das Verhältnis des einen zum anderen bei Kant, Heidegger, Sartre

Die Antwort auf die Frage nach dem Wer des Daseins gewinnt *Heidegger* „aus der Analyse der Seinsart ... darin das Dasein sich zunächst und zumeist aufhält" (S. 117). Das aber ist das alltägliche Mitsein. In ihm begegnet der Andere aus der Welt heraus, „in der das besorgend umsichtige Dasein sich wesenhaft aufhält" (S. 119), und zwar, können wir interpretierend hinzufügen, in der Weise, daß die Dinge aus der Welt her begegnen, in der sie auch für Andere zuhanden sind. Unausdrücklich verstanden wird der Andere aber selbst als ein in der Welt Vorhandener. Diese Weise des Verstehens ist gerade nicht die Realisierung des eigentlichen Mitseins. Den Anderen als Dasein zu wissen, kann nach *Heidegger* nur bedeuten, ihn in seinem In-der-Weltsein zu erfassen, d. h. als einen, für den Seiendes eine eigene Bewandtnis hat (Welt), zu dem ein System von Verweisungszusammenhängen hinweist, der selbst „in" der Welt ist, wobei „in" verstanden werden muß im Sinne von Gewohntsein, Vertrautsein mit, der selbst versteht und sich befindet, der je er selbst ist, der sorgt, usw.

Für ein solches Verständnis des Anderen ist eine besondere Methode erforderlich, und zwar deshalb, weil „die verschiedenen Seinsmöglichkeiten des Daseins selbst das Miteinandersein und dessen Sichkennen mißleiten und verbauen" (S. 125). Im alltäglichen Mitsein begegnet der Andere aus der umweltlich besorgten Mitwelt. Im Aufgehen in der besorgten Welt ist das Dasein nicht es selbst, und auch die Anderen erscheinen nicht in ihrem je eigenen Selbstsein. Dem Dasein, das sich von der Welt bestimmen läßt, was es ist, haben die Anderen das Sein abgenommen, die ihrerseits nicht bestimmte Andere sind, sondern wie das Ich selbst ein neutrales „Man" sind. Das ist die Seinsweise der Uneigentlichkeit, die sich unterscheidet von dem eigentlichen, d. h. eigens ergriffenen Selbst-Sein. In der Seinsweise der Uneigentlichkeit wird der Andere aus der Welt her verstanden und wird dort als innerweltlich Seiendes vorgefunden. „Weil aber im Aufgehen in der Welt das Weltphänomen selbst übersprungen wird, tritt an seine Stelle das innerweltlich Vorhandene. Das Sein des Seienden, das mit-da-ist, wird als Vorhandenheit begriffen" (S. 130).

---

grundsätzliche Bedeutung dieses Ansatzes gerade für die Rechtswissenschaft ist in der juristischen Literatur, die sich mit *Heidegger* befaßt, durchweg übersehen worden. Insbesondere *Maihofer* merkt nicht, daß dieser Ansatz das Verhältnis von Selbst-Sein und Mit-Sein auf eine neue Stufe hebt. *Maihofer* selbst setzt Selbst-Sein und Mit-Sein in einen Gegensatz, den *Heidegger* gerade überwunden hat, vgl. auch *Thyssen*, S. 90 ff., 95. Auch für *Welzel* ist die Existenzphilosophie „Ausdruck eines aufs äußerste gesteigerten und vertieften Subjektivismus" (Nat. R. u. mat. Ger., 1. Aufl., S. 187). Vgl. auch *Bollnow*, Existenzphil., S. 45; *Würtenberger*, Die geistige Situation, S. 22. Gegen die individualistische Interpretation *Heideggers* wendet sich mit Recht *Heinemann*, Die Relevanz d. Phil. M. Heideggers, S. 62 f. Die Kritik *Löwiths* an *Heidegger* (S. 79 - 82) zielt dagegen auf die Begründung einer dualistischen Konzeption des Miteinanderseins ab. Er greift vor allem die Vorstellung des Anderen als alter ego an (S. 82). Diese Kritik bleibt von unseren Ausführungen unberührt.

2. Heideggers Fundamentalontologie

Im Gegensatz zur Darstellung der Intersubjektivität bei *Kant* hat das Dasein jedoch bei *Heidegger* die Möglichkeit, ein eigentliches Mitsein zu verwirklichen, und zwar als die je eigene Möglichkeit. Bei *Kant* kann das Sein des Menschen an sich zu verwirklichen für den empirischen Menschen immer nur gesollt sein. So kommt bei ihm der Pflicht eine für das Miteinandersein konstitutive Bedeutung zu. Nach *Heidegger* jedoch kann das Dasein sein Sein selbst ergreifen und damit ein eigentliches Mitsein verwirklichen, wenn es mit Entschlossenheit in den Tod vorläuft als seiner eigensten Möglichkeit. In dem Moment hebt das Dasein die Anderen mit sich zur Eigentlichkeit empor. Es übernimmt sein eigenes Sein, also sein Mitsein, welches dadurch eigentlich wird. Das als Fürsorge charakterisierte Mitsein wird dadurch von der uneigentlichen Fürsorge (die entweder im defizienten Modus der Fürsorge vorkommt als Sorglosigkeit, Einander-nichts-Angehen, oder als dem Anderen die Sorge abnehmendes, ihn aus seiner Stelle werfendes Für-ihn-Einspringen) zur eigentlichen Fürsorge, die dem Anderen in seinem existentiellen Seinkönnen vorausspringt, um ihm die Sorge eigentlich erst zurückzugeben und dem Anderen dazu verhilft, in seiner Sorge sich durchsichtig und für sein eigentliches Sein frei zu werden[28].

Was das Dasein dazu veranlaßt, sein Mitsein zu übernehmen zu suchen, ist, entsprechend der Pflicht bei *Kant*, bei *Heidegger* der Ruf des Gewissens. Im Gewissen ruft das Dasein sich selbst, das sich in der Geworfenheit um sein Sein-können ängstigt. Angerufen ist das Dasein aus dem Verfallen in das Man und wird aufgerufen zu seinem eigensten Sein-können. Dieses eigenste Sein-können wie auch das Man-selbst sind Weisen des Mitseins.

Das Gewissen ruft nicht auf zu etwas, das beredet werden könnte. Es sagt eigentlich nichts und ist erst der Grund dafür, daß es in der Empirie ein schlechtes oder gutes Gewissen geben kann wegen einer bestimmten Verhaltensweise. Erst, wenn das Dasein dem Anruf des Gewissens folgt, realisiert es sein eigentliches Mitsein und realisiert so den Anderen als je eigenes Selbst, als eigenes Dasein. Tut es das nicht, dann wird es schuldig, und dieses Schuldigsein ist ein Schuldigsein am Anderen. Als eigentliches Selbst befindet sich das Dasein nach der Konzeption von *Heidegger* also gerade nicht in der Isolation.

---

[28] Da ich die Existenz dem Anderen nicht abnehmen kann, kann meine entschlossene Fürsorge seine Existenz wohl nur indirekt betreffen. Sie kann nur in dem „sokratischen Hebammendienst" bestehen, daß ich den Anderen von mir befreie (vgl. dazu *Theunissen*, S. 181). Dieser Schwierigkeit bei der Bestimmung des eigentlichen Mitseins mag es zuzuschreiben sein, daß *Maihofer* das für seine Frage nach dem Sein des Rechts relevante Mitsein bei *Heidegger* ausschließlich im Modus der Uneigentlichkeit zu sehen meint (RuS, S. 17/18). *Maihofer* übersieht dabei, daß der Modus der Uneigentlichkeit eine Verfallsform der Eigentlichkeit ist, das alltägliche Mitsein also im Sein des Daseins als Mitsein gründet.

Der Ansatz des Daseins als Mitsein wird insbesondere fruchtbar bei der Analyse der Geschichtlichkeit des Daseins. Er läßt die Berechtigung des vulgären Verständnisses von Geschichte als „das im Miteinandersein ‚vergangene' und zugleich ‚überlieferte' und fortwirkende Geschehen" (S. 379) erkennen.

Als geworfenes ist das Dasein seinem Sein-können, das durch das Erbe bestimmt ist, überantwortet, aber doch als In-der-Welt-sein, d. h. das Dasein kann als entschlossenes die jeweils faktischen Möglichkeiten eigentlichen Existierens aus dem Erbe übernehmen. Das darin liegende ursprüngliche Geschehen nennt *Heidegger* „Schicksal" (S. 384). Da das „Dasein als In-der-Welt-sein wesenhaft im Mitsein mit Anderen existiert, ist das Geschehen ein Mitgeschehen und bestimmt als Geschick" (S. 384). Das heißt, „das Geschick setzt sich nicht aus einzelnen Schicksalen zusammen, so wenig als das Miteinandersein als ein Zusammenvorkommen mehrerer Subjekte begriffen werden kann" (S. 384).

b) *In-der-Welt-sein und Mitsein*

Sartre ist von *Heideggers* Argumentation nicht überzeugt. Er führt zwei Kritikpunkte an:

Einmal fragt er, wieso sich *Heidegger* für berechtigt hält, von der empirischen, ontischen Feststellung des Mitseins zu der Setzung des Mitseins als ontologischer Struktur des Daseins überzugehen. Aber auch, wenn man das einmal akzeptiere, meint *Sartre,* würde die ontologische Struktur des Mitseins nicht als Begründung für ein ontisches Miteinandersein dienen. So könne „das Vermögen des Mitseins in keiner Weise dazu dienen, das psychologische und konkrete Problem der Erkenntnis Anderer zu lösen" (Das Sein und das Nichts, S. 332). Beiden Einwänden kann nur zum Teil gefolgt werden.

Es ist zwar richtig, daß *Heidegger* an der Stelle, an der er das Mitsein einführt, nämlich im 1. Abschnitt im 4. Kapitel „Das In-der-Welt-sein als Mit- und Selbstsein. Das ‚Man'", insbesondere in § 26: „Das Mitdasein der Anderen und das alltägliche Mitsein", von der ontischen Feststellung, daß es auch noch andere Menschen gibt, ohne Übergang zu der ontologischen Struktur des In-der-Welt-seins als Mitsein übergeht. Das bedeutet aber nicht, daß nicht seine Philosophie implizit eine Ableitung des Mitseins als Existenzial enthielte.

Die Darstellung des Mitseins bei *Heidegger* zeigt, daß er nicht primär von einem unmittelbaren Bezug des einen Menschen als Seienden zum Anderen ausgeht, sondern dies ihm nur Anlaß für eine Analyse der ontologischen Struktur ist. Sie findet so statt, daß er nochmals auf die Struktur des Daseins als In-der-Welt-sein zurückgeht. Dieses hatte er bestimmt als das „unthematische, umsichtige Aufgehen in den für die

2. Heideggers Fundamentalontologie

Zuhandenheit des Zeugganzen konstitutiven Verweisungen" (S. 76). In seiner Analyse der ontologischen Struktur des Daseins als Mitsein entkleidet *Heidegger* nun das dem Dasein primär gegebene Zeug stufenweise seines Charakters als bloß jeweils mir Zuhandenes und legt es frei als Element des Daseins mit Anderen[29]. So begegnet der Andere mit dem in Arbeit befindlichen Zeug mit, „das verankerte Boot am Strand verweist in seinem An-sich-Sein auf einen Bekannten, der damit seine Fahrten unternimmt, aber auch als ‚fremdes Boot' zeigt es Andere" (S. 118). D. h. die Dinge begegnen aus der Welt, in der sie auch für Andere zuhanden sind.

Von der ontologischen Struktur des In-der-Welt-seins als Umgehen mit Zuhandenem kann der Aufweis des Mitseins als eines Existenzials gelingen, indem gezeigt wird, daß der Begriff des Zuhandenen das Mitsein voraussetzt[30].

Zuhandenheit heißt Dienlichkeit von etwas für etwas. Von dem jeweils Zuhandenen geht ein System von Verweisungen aus, das letztlich auf ein Seiendes verweist, das nicht von der Seinsart des Zuhandenen ist, mit dem es keine „Bewandtnis" hat und dem es in seinem Sein wesenhaft um dieses Sein selbst geht, d. h. auf daseinsmäßiges Seiendes. Mit diesem aus dem Zuhandenen entwickelten notwendigen Begriff des Daseins ist begriffsnotwendig eine mögliche Vielzahl dieser Seienden gegeben. Das heißt, der Umgang des Daseins mit Zuhandenem setzt für das Dasein eine mögliche Mitwelt voraus.

Zum Sein des Daseins gehört aber nach *Heidegger* Seinsverständnis, d. h. ein Verstehen von In-der-Welt-sein. Das Dasein hat also je schon im Umgang mit Zuhandenem eine Mitwelt mitverstanden, d. h., es hat außer ihm selbst auch noch andere daseinsmäßige Seiende mitgesetzt. Das bedeutet aber nichts anderes, als daß das Mitsein ein Existenzial des Daseins ist.

Mit diesem Sein des Daseins als Mitsein ist in der Tat, wie *Sartre* meint, ein jeweiliges ontisches Miteinandersein nicht zureichend erklärt,

---

[29] Eine unmittelbare Begegnung der faktischen Individuen bei *Heidegger* scheint *Heinemann* für möglich zu halten, was sich für ihn aus dem Seinsbezug des Daseins ergibt (S. 96, 104 ff.). Da aber der faktische Mensch den Anderen als Vorhandenheit begreift, wenn und solange er das Phänomen der Welt überspringt, kann er den Anderen nur als Dasein (In-der-Welt-sein) begreifen über ein ausdrückliches Verständnis der Welt. Das Phänomen der Welt aber ist „das Worin des sich verweisenden Verstehens als Woraufhin des Begegnenlassens von Seiendem in der Seinsart der Bewandtnis" (S. 86). Das Dasein aber ist ein Seiendes, bei dem es keine Bewandtnis hat. Die Weltlichkeit der Welt ergibt sich also aus dem Zeugcharakter des Zuhandenen. Nur über ein Verständnis des Zuhandenen kann also nach unserer Interpretation die Weltlichkeit der Welt und damit der Andere als In-der-Welt-sein verstanden werden. Vgl. auch *Theunissen*, S. 171.

[30] Zu eng dürfte die Auffassung von *Schwan* sein, nach der nur aus dem Werk das Menschsein als Mitsein zu begreifen ist (S. 69 ff., 82).

wie gleich noch näher zu zeigen sein wird. Dennoch ist damit viel gewonnen. Solange das Dasein angesehen wurde als Selbstsein, das außerdem und gleichsam zufällig noch mit Anderen ist, ließ sich niemals aus dem Mitsein ein Selbstsein erklären. Der Mensch konnte nicht angesehen werden als in seinem Selbstverständnis von einer Weise des Miteinanderseins abhängig. Erst, wenn das Sein mit Anderen auf gleicher Stufe steht wie das Selbstsein, läßt sich das Selbstverständnis aus dem Mitsein erklären.

Nach *Heideggers* Philosophie ergibt sich folgende Verbindung: Die ontologische Einheit von Existenzialität und Faktizität ist im Sein des Daseins als Sorge gegeben. Sorge bedeutet Sichvorweg schon sein in der Welt als sein bei innerweltlich begegnendem Seienden. Innerweltlich begegnet Seiendes nur unter der Voraussetzung einer möglichen Mitwelt, wie wir gesehen haben. Das Phänomen der Welt ist „das Worin des sich verweisenden Verstehens als Woraufhin des Begegnenlassens von Seiendem in der Seinsart der Bewandtnis" (S. 86).

Die Welt ist ontologisch nicht darum auch Mitwelt, weil ontisch auch daseinsmäßig Seiendes begegnet, sondern vielmehr, weil Seiendes in der Seinsart der Bewandtnis auf Dasein als einen Begriff verweist und damit die Möglichkeit einer Mitwelt voraussetzt. Da nun das, worin Dasein sich je schon aufhält, sowie das Seiende, bei dem Dasein je schon ist, die Mitwelt voraussetzen, ist diese auch die Bedingung der Möglichkeit des Sich-vorweg-Seins selbst, damit des je eigenen Seinsverständnisses, und damit, da zum Sein des Daseins Seinsverständnis gehört, auch des Selbstseins.

Unsere Aufgabe besteht allerdings nicht in einer ontologischen Verbindung vom Mitsein zum Selbstsein, sondern wir fragen nach dem Verhältnis von einem bestimmten, empirischen Mitsein, nämlich dem aktuellen Wissen vom anderen Menschen, zu einem bestimmten, empirischen Selbstbewußtsein, nämlich dem aktuellen Unrechtsbewußtsein. Daß hierfür die *Heidegger*sche Aussage vom Mitsein als einem Existenzial des Daseins die Grundlage sein kann, findet — wie schon gesagt — den Widerspruch *Sartres*, auf den nun näher einzugehen ist. *Sartre* meint, die ontologische Struktur des Mitseins mache jede konkrete Verbindung zwischen den Bewußtseinsindividuen unmöglich. Wenn nämlich der Zusammenhang mit Anderen a priori sei, dann erschöpfe er jede Möglichkeit von Beziehungen zu Anderen. Empirische und kontingente Verhältnisse könnten weder Spezifizierungen noch Einzelfälle von ihm sein. Spezifizierungen von einem Gesetz gebe es nur unter zwei Voraussetzungen: Entweder es sei induktiv aus einzelnen Tatsachen abgeleitet, was bei *Heideggers* Mitseins-Analyse aber nicht der Fall sei, oder es sei a priori und vereinheitliche die Erfahrung wie die Begriffe *Kants*. Gerade in dem Fall sei es aber nur innerhalb der Grenzen der Erfahrung von Bedeutung. Ich würde in den Dingen nur finden, was ich in sie hineingelegt habe.

Hier greift *Sartre* die *Heideggersche* Transzendenz an. Er meint, daß *Heideggers* „Sich-vorweg" der menschlichen Realität doch immer wieder am unerreichbaren Ende dieser Flucht tatsächlich nur das Selbst vorfinde. Was *Sartre* übersieht, ist, daß dieses zweite Selbst ein durch Umwelt und Mitwelt konstituiertes Selbst ist. Tatsächlich ist auch *Heideggers* Mitsein nicht ohne die Erfahrung im Umgang mit Zuhandenem. Diese Erfahrung impliziert notwendig, wie wir gesehen haben, eine Mitwelt, die aufgrund der Seinsweise des Daseins als Mitsein als Mitdasein freigegeben wird. So ist also auch *Heideggers* Mitsein nur innerhalb der Grenzen der Erfahrung von Bedeutung. In der Erfahrung begegnen aber je schon die Anderen. Erfahrung und Mitsein bedingen daher einander gegenseitig[31].

Der Andere begegnet in erster Linie im Umgang mit Zuhandenem. Darüber hinaus begegnet er in der Erfahrung unmittelbar. Dies stellt ein besonderes, bei *Heidegger* noch ungeklärtes Problem dar.

Die Analysen *Heideggers* haben genügend Basis geschaffen, um auch die konkretere, für das Unrechtsbewußtsein direkt relevante Fragestellung zu gewinnen. Wenn das Mitsein Voraussetzung und Element der Erfahrung ist, dann muß es grundsätzlich möglich sein, aus einer bestimmten Erfahrung das zugehörige Mitsein aufzuspüren. Über das Mitsein muß ich dann auch verschiedene Bereiche der Erfahrung verbinden können. Ist z. B. die Erfahrung von bestimmtem Zuhandenem notwendig verbunden mit einer bestimmten Weise, den Anderen zu wissen (z. B. als dem Anderen gehörig), und ist andererseits diese bestimmte Weise, ihn zu wissen, auch Voraussetzung für eine bestimmte Erfahrung meiner selbst (Unrechtsbewußtsein), dann muß sich über dieses vorausgesetzte Wissen vom Anderen eine Verbindung zwischen dem bewußten Umgang mit Zuhandenem und dem Selbstbewußtsein ziehen lassen.

Außerdem ist noch zu der Fragestellung zu nehmen, ob die empirischen Beziehungen der Bewußtseinsindividuen untereinander als mittelbare Begegnungen zutreffend erklärt sind, oder ob nicht vielmehr die Begegnungen unmittelbar sind.

Hierauf wird im nächsten Abschnitt näher eingegangen.

---

[31] Nach *Theunissen* ist das Mitsein nur der Raum, in dem die Begegnung mit dem Anderen stattfindet (S. 191). Auch *Biemel* wendet gegen *Sartres* Behauptung, *Heidegger* könne von der ontologischen Ebene des Mitseins aus nicht die ontisch konkrete erreichen, ein, daß *Sartre* die ontologische Mitsein-Struktur schon durch die Bezeichnung „Ebene" in einer Weise von der ontischen trenne, wie *Heidegger* das gar nicht tut (S. 88 f.).

3. Die Analyse der Intersubjektivität bei Sartre*

Die Frage nach den konkreten Verbindungen der Bewußtseinsindividuen untereinander untersucht *Sartre*[32]. Wie wir noch sehen werden, versucht er, diese Frage über eine unmittelbare Begegnung des Einen mit dem Anderen zu lösen. Trotz dieses Unterschiedes zu *Heidegger* beruht seine Analyse auf den Ergebnissen der *Heideggerschen* Philosophie. Sie sind notwendig Grundlage seiner eigenen Theorie. Die Behauptung *Sartres* nämlich, „eine Theorie der Fremdexistenz" müsse „mich in meinem Sein befragen" und müsse „die Grundlage der Gewißheit (der Fremdexistenz, d. Verf.) explizit machen" (S. 335/6), findet nicht, wie *Sartre* glaubt, eine genügende Begründung in der Tatsache, daß ich die Fremdexistenz nicht vermute, sondern bejahe. Welche Bedeutung *Sartre* dem Für-Andere-Sein für das Dasein zumißt, wird nicht deutlich. Er betrachtet das Für-Andere-Sein als ein Faktum; als solches hat es jedoch keine „Beweiskraft". Es wird nicht deutlich, warum *Sartre* dann das Für-Andere-Sein in einer phänomenologischen Ontologie überhaupt behandelt.

Daß das Für-Andere-Sein eine ontologische Struktur des Für-sich sei, bestreitet *Sartre* (S. 373)[33]. Das cogito enthülle die „faktische Notwendigkeit" des Für-Andere-Seins (S. 374). Als Notwendigkeit ist es aber mehr als ein Faktum. Daß es über ein Faktum hinaus noch eine Notwendig-

---

* Die Seitenzahlen ohne nähere Angabe beziehen sich auf *Sartre*, „Das Sein und das Nichts".

[32] Die Analyse der konkreten Verbindungen der Bewußtseinsindividuen untereinander in *Sartres* „Das Sein und das Nichts" ist der juristischen Literatur, die sich mit *Sartre* beschäftigt, offenbar entgangen. So gehen *Welzel* (Nat. R. S. 215/16) und Arthur *Kaufmann* (Das Schuldprinzip, S. 45 - 47) und vor allem *Maihofer* auf diese Analyse gar nicht ein. (*Maihofer* und *Welzel* setzen sich unverständlicherweise überhaupt nur mit dem Aufsatz *Sartres* „L'existentialisme est un humanisme" auseinander.)

Maihofer versucht selber, eine Begründung für das konkrete, empirische Miteinandersein zu bringen. Hierbei bleibt er allerdings wesentlich hinter *Sartre* zurück. Anstatt nämlich in eine Analyse des Verhältnisses des Einen zum Anderen einzutreten, geht er von dem aus, was eigentlich zu erklären ist, daß nämlich wir die anderen Menschen „als Nebenmenschen in ihrer eigenen Selbstentfaltung im alltäglichen Miteinander erleben" und sie „als Mitmenschen auch unser eigenstes Dasein ganz unmittelbar berühren" (RuS, S. 90). Der Hinweis *Maihofers*, daß wir auf die Anderen angewiesen seien, kann keine Begründung des Mitseins darstellen, da die Abhängigkeit noch keine Seinsbeziehung schafft. Was nachzuweisen ist, ist die Abhängigkeit des Selbstseins von der Beziehung zum Anderen (vgl. oben, B. 2. a), Anm. 27). Hierfür hat *Maihofer* keinen Beweis angetreten. Die vage Kennzeichnung des Verhältnisses von Autonomie und Heteronomie als „Spannungsfeld" (S. 124) zeigt den das ganze Werk durchziehenden Mangel einer ausgearbeiteten Verbindung zwischen den beiden Seiten.

[33] K. *Hartmann* weist mit Recht auf die Unstimmigkeit hin, die darin liegt, daß *Sartre* andererseits die Beziehung zum Anderen in Analogie zur „internen", konstitutiven Negation als Grundbezug zum Sein verstehen will (S. 103).

keit sei, erklärt *Sartre* nicht. Dafür muß vielmehr erst nachgewiesen werden, daß die Bejahung der Fremdexistenz für mein Sein eine konstitutive Bedeutung hat. Dies ist aber gerade das, was *Heidegger* gezeigt hat.

Deswegen muß das Mitsein, so wie es sich in den Analysen *Heideggers* ergeben hatte, die Grundlage bleiben. Dann aber bringen die Überlegungen *Sartres* viel.

a) Die phänomenologische Analyse des Blickes

Sartre geht aus von dem Bewußtsein des unmittelbar Handelnden. Das Bewußtsein haftet an seinen Akten, „es ist seine Akte". „Sie werden nur von dem zu erreichenden Ziel und von den anzuwendenden Hilfsmitteln geleitet" (S. 346). Die Akte sind dem Handelnden nichts unmittelbar Gegebenes, über das er ein Urteil fällen könnte.

Dies ist die Bewußtseinsform, die *Sartre* das „präreflexive cogito" nennt. Sie stellt ein Grundproblem in der Philosophie dar[34]. Für unsere Erörterung ist wichtig, daß dieser Bewußtseinsform der Begriff des „Ich-Selbst" fehlt, mithin auch ein Wissen von der Handlung als der jeweils eigenen. Ich kann z. B. zählen, ohne mich dabei als Zählenden zu erkennen. Als Beweis führt *Sartre* das von *Piaget* genannte Beispiel an, daß Kinder, die eine Addition spontan durchzuführen fähig sind, hinterher nicht erklären können, wie sie dabei vorgegangen sind. Aus diesem Grund ist das mit der Handlung unmittelbar einhergehende Bewußtsein keine Erkenntnis. Erkenntnis ist „setzendes Bewußtsein", welches ein Bewußtsein seiner selbst impliziert (S. 15 ff.).

Die Frage, wie mir der Andere als Subjekt bewußt wird, führt *Sartre* zu einer eigenartigen Dialektik: „Wenn der Objekt-Andere in Verbindung mit der Welt als das Objekt definiert wird, das das sieht, was ich sehe, muß meine Grundbeziehung zum Subjekt-Anderen zurückgeführt werden können auf meine ständige Möglichkeit, von ihm gesehen zu werden" (S. 342). Diese Beziehung, vom Anderen gesehen zu werden, stelle ein irreduzibles Faktum dar (S. 343). Der Sinn dieses Blickes des Anderen sei der, mich von der Welt, die ich erblicke und in der ich mich aufhalte, ohne einen Begriff meiner selbst zu haben, mich auf mich selbst zu verweisen. Dadurch geht eine Verwandlung mit mir vor: ich erstarre zum Objekt, meine von mir vorgenommenen oder vorzunehmenden Handlungen weiß ich als gesehene, unmittelbar auf mich bezogene und mit mir identifizierte Handlungen. Ich empfinde darüber Scham oder Hochmut, was bedeutet, daß ich anerkenne, das Objekt zu sein, das da gesehen wird.

Sartre verdeutlicht das an folgendem Beispiel: Ich spähe aus Neugier oder Eifersucht durch ein Schlüsselloch. „Ich bin reines Bewußtsein der

---

[34] Vgl. Klaus *Hartmann*, S. 25.

Dinge, und die in den Umkreis meiner Selbstheit hineingenommenen Dinge bieten mir ihre Wirkfähigkeit dar als Antwort meines nichtsetzenden Bewußtseins (von) meinen eigenen Möglichkeiten" (S. 345/6). Alles ordnet sich dem zu erreichenden Ziel unter. Die Reihe ist umgekehrt wie bei der Kausalreihe. Plötzlich höre ich ein Geräusch; man sieht mich. Hierdurch wird der Einbruch des Ich in mein unreflektiertes Bewußtsein bewirkt. Die Person wird dem Bewußtsein gegenwärtig, sofern sie Objekt für Andere ist. Dieser Subjekt-Andere ist keine individualisierte Person; als solcher wäre er immer Objekt. Der Subjekt-Andere ist die bloße Tatsache des Gesehen-Werdens.

Das Sein, das ich so durch Andere bin, gewahrt eine gewisse Unbestimmtheit und Unberechenbarkeit. Und diese Eigentümlichkeiten kommen nicht nur daher, daß ich den Anderen nicht erkennen kann, sie kommen auch und vor allem daher, daß der Andere frei ist, oder umgekehrt, die Freiheit des Anderen enthüllt sich mir durch die beunruhigende Unbestimmtheit des Seins hindurch, das ich für ihn bin. Damit scheinen wir eine Antwort auf unsere erste Frage gefunden zu haben, wie denn meine Handlung mir zum Gegenstand des Bewußtseins werden kann: es ist der Blick des Anderen, die irreduzible Tatsache des Gesehen-Werdens, die mir meine Handlung als Objekt für ein Bewußtsein und als die meine enthüllt.

Hier ist zunächst folgendes zu ergänzen: Das Bewußtsein, gesehen zu werden, bedeutet, denjenigen, der mich sieht, als freie Person anerkannt zu haben. Dies gilt auch dann, wenn *Sartres* Annahme richtig ist, daß der Subjekt-Andere nicht zu individualisieren sei. Der in dem ursprünglichen Prozeß als frei anerkannte Andere wäre dann auch keine individualisierte Person.

Das heißt, das Bewußtsein der Tatsache, gesehen zu werden, bedeutet, die Freiheit des Anderen anerkannt zu haben. Die Anerkennung, daß ich derjenige bin, der von dem Anderen gesehen wird, impliziert notwendig die Anerkennung des Anderen als Freien.

Jedoch auch, wenn wir *Sartre* in dem Sinn verstehen, ergeben sich Bedenken.

b) Kritik an Sartres Modell

Wir sehen, daß *Sartre* im Gegensatz zu *Heidegger* das Verhältnis der Menschen untereinander primär als ein unmittelbares ansieht, genauer: als ein weltunvermitteltes. Während bei *Heidegger* der Andere mir aus meiner besorgten Umwelt begegnet, trifft mich der Blick des Anderen bei *Sartre* außerhalb meiner (der durch mich konstituierten) Welt. Der auf mich gerichtete Blick ist aber streng zu trennen von dem auf Dinge gerichteten Blick des Anderen. Der mit den Dingen umgehende Andere ist für *Sartre* noch der Objekt-Andere. Die Bedeutung dieses Objekt-Anderen werden wir gleich noch sehen.

In dieser weltunvermittelten Begegnung will *Sartre* nun die faktische Begegnung der Menschen untereinander sehen. Das ist mit seiner Bestimmung des Mensch-Welt-Verhältnisses nicht ohne weiteres vereinbar.

Für *Sartre* ist, ebenso wie für *Heidegger*, das Für-sich-Sein In-der-Welt-sein[35]. Das heißt aber, es gibt nicht erst ein isoliertes Subjekt und dann zusätzlich eine Welt, in der das Subjekt sich aufhielte, sondern das Für-sich hält sich immer schon bei der Welt auf. Der Weltbezug ist getragen vom Selbstbezug. Auch das Für-sich ist ein Seiendes, dem es in seinem Sein um dieses selbst geht. Das Für-sich besteht aus zwei Momenten: der Transzendenz des Weltentwurfs und der Faktizität des Inmitten-der-Welt-seins, wobei die Faktizität je schon in den Entwurf aufgenommen und auf Möglichkeiten hin überschritten ist. Soll der Blick des Anderen das faktische Miteinander-sein klären, so muß er mich also in meinem faktischen In-der-Welt-sein treffen können oder mir die Konstituierung meiner selbst als faktisches In-der-Welt-sein ermöglichen.

Daß das für *Sartre* nicht ohne weiteres möglich ist, ergibt sich aus seiner Analyse des Objekt-Anderen. Einen anderen Menschen als Objekt und als Menschen zu sehen, bedeutet für *Sartre*, daß mir das Verhältnis, das der Andere zu den Gegenständen entfaltet, als Ganzes gegeben ist, gleichzeitig mir aber ganz und gar entgeht, und zwar deshalb, weil ich mich nicht zum Mittelpunkt der Welt des Anderen machen kann. Ich würde zwar ein objektives Verhältnis ausdrücken, wenn ich sage, Peter habe einen Blick auf seine Uhr geworfen. Peter und die Uhr sind dann Gegenstände meiner Welt. Der Andere ist aber in seinem Wesen gerade nicht Gegenstand meiner Welt. Nicht nur entzieht er sich meiner Welt, sondern er entfaltet zu den Dingen, die erst Dinge nur meiner Welt waren, ein eigenes, mir verschlossenes Verhältnis. So gliedert er die Dinge sich zu und nimmt ihnen damit ihre Zugehörigkeit zu meiner Welt. So kann *Sartre* anschaulich sagen, es sehe so aus, als sei „mitten in sein Sein ein Abflußloch gebohrt worden" und alles sei „von einem unsichtbaren und regungslosen Ausrinnen auf einen neuen Gegenstand hin durchwaltet" (S. 341).

In dem von *Sartre* gebrachten Beispiel, an dem er die Rolle des Subjekt-Anderen expliziert, taucht dieses Problem bei der Erfassung des Objekt-Anderen durch das Subjekt-Ich nicht noch einmal auf. Das Vom-Andern-gesehen-werden ist aber die Umkehrung des Den-Anderen-

---

[35] Vgl. *Theunissen*, S. 197/198. Vgl. zum Verhältnis der phänomenologischen Analyse des Blickes zu *Sartres* transzendental-philosophischem Ansatz *Theunissen*, S. 200 - 208, 225 - 230.

Sehens, denn „meine Grundbeziehung zum Subjekt-Anderen muß auf meine ständige Möglichkeit, vom Anderen gesehen zu werden, zurückgeführt werden können" (S. 342). Das heißt, ich kann mich als Gesehenen faktisch nur so weit bestimmen, als diese Möglichkeit reicht. Soll also der Blick des Subjekt-Anderen mein faktisches Verhältnis zum Anderen erklären, dann muß er mich in meinem In-der-Welt-sein treffen, da meine Faktizität eben mein Inmitten-meiner-Welt-sein ist.

Da der Andere aber sich nicht zum Mittelpunkt meiner Welt machen kann, erfährt durch ihn mein Verhältnis zu den Gegenständen eine grundsätzliche Veränderung. Der Blick des Anderen trifft mich daher nur dann in meinem In-der-Welt-sein, wenn diese grundsätzliche Veränderung nicht gerade die Umwandlung von In-der-Welt-sein in Nebeneinander-Vorhandensein bewirkt. Es besteht daher Anlaß zu der Frage, ob überhaupt der Blick den Anderen in seinem In-der-Welt-sein treffen kann. Ist das nicht der Fall, dann verfehlt das vom Subjekt-Anderen konstituierte Objekt-Ich das den Anderen sehende Subjekt-Ich so, daß ein Ich als Einheit gar nicht entstehen könnte. Zur Beantwortung dieser Frage muß in der jeweiligen faktischen Situation gefragt werden, welche Möglichkeiten das Subjekt-Ich hat, den Objekt-Anderen in dessen Bezug zur Welt zu erfassen.

In seinem Beispiel unterschiebt *Sartre* der Handlung einen für alle erschlossenen Sinngehalt, der durch die Analyse nicht ausgewiesen ist. Derjenige, der mich durch das Schlüsselloch spähen sieht, erfaßt nicht nur mich, sondern auch die hinter der Tür anwesenden Personen. Er sieht mich diesen Personen gegenüber in bestimmter Weise handeln und er weiß auch, daß die so von mir Beobachteten in ihrem Persönlichkeitsbereich angegriffen werden und sie sich dagegen wehren würden, wenn sie meine Handlungsweise kennen würden. Eine derartige Erschlossenheit einer Handlungsweise ist ein Sonderfall, der um so mehr einer Erklärung bedarf, als vorher gezeigt worden ist, daß die Welt des Objekt-Anderen dem Subjekt-Ich grundsätzlich entgeht.

Wir wollen das Problem der Erschlossenheit einer Handlung an einem Beispiel aus dem Bereich des Strafrechts verdeutlichen: Ich fühle mich unbeobachtet und stecke einen herumliegenden, fremden, kleinen Gegenstand ein. Hier ist einem unbeteiligten Dritten die Situation nicht erschlossen. Er weiß nicht, ob die Sache mir gehört oder nicht. Aber selbst wenn er weiß, daß ich nicht der Berechtigte bin, könnte dieser ja seine Zustimmung gegeben haben. Die soziale Bedeutung meiner Handlung schafft erst durch seine Einstellung dieser Handlung gegenüber derjenige, demgegenüber ich unmittelbar handele; das sind hier der Gewahrsamsinhaber und der Eigentümer.

Haben wir somit die Bedeutung der faktischen Situation für die Analyse des faktischen Miteinanderseins herausgestellt, so ist zunächst noch

3. Die Analyse der Intersubjektivität bei Sartre

darauf hinzuweisen, daß die Bestimmung meiner selbst als Gesehen-Werden auch nicht ein trennbarer Teil meines In-einer-Situation-Gesehen-Werdens sein kann, denn das Für-sich ist als In-der-Welt-sein von der Welt nicht trennbar. Das heißt, es ist je schon in einer bestimmten faktischen Situation[36].

Bevor wir dieser Frage unter Punkt d) weiter nachgehen, ist erst *Sartres* Analyse des Für-Andere-Seins darzustellen.

c) *Das Für-Andere-Sein bei Sartre*

Von der phänomenologischen Analyse des Blickes geht *Sartre* aus, um das Für-Andere-Sein zu analysieren. Der Blick hat ihn sozusagen nur „auf die Spur des Für-Andere-Seins gesetzt und ... die unbezweifelbare Existenz dieser Anderen, für die wir sind, enthüllt" (S. 373).

Auch hier wird erkennbar, daß die Vermittlung des Einen zum Anderen abstrakt über den von einer konkreten Situation losgelösten Blick nicht zu erklären ist.

Das „Urverhältnis des Für-Sich zu Anderen" ist für *Sartre* „innerliche Negation", wie die innerliche Negation die Grundlage jeder Erkenntnis ist[37]: das Für-sich setzt sich als das Seiende, welches das erkannte Seiende jeweils nicht ist. Das Für-sich ist diese Negation; auf diese Weise ist das Für-sich unauflöslich mit dem Sein verbunden. Entsprechend ist das Verhältnis zum Anderen: wenn es einen Anderen überhaupt gibt, dann muß ich derjenige sein, der der Andere nicht ist. In dieser von mir und in bezug auf mich vollzogenen Negation veranlasse ich mich, zu sein, und es taucht der Andere als Anderer auf. Insofern hüllt das Fürsich als es selbst das Sein Anderer in sein Sein ein, als es in seinem Sein als nicht Andere seiend in Frage steht. Damit es also einen Anderen geben kann, ohne daß dieses mein Nicht-sein, das ihn auszeichnet, nur als Gegenstand eines Dritten (eines Zeugen) da ist, muß das Bewußtsein sich selber freiwillig vom Anderen freimachen und losreißen und zu sich zurückkehren. Dadurch gibt es dem Anderen sein Anderer-sein oder die wesentliche Bedingung des „es-gibt" (S. 376). Insoweit ist der Andere jedoch noch nicht als ein Für-sich realisiert. Das innerlich negative Ver-

---

[36] Daß *Sartre* selbst den von der Situation getrennten Blick entgegen seiner Intention als eine ontologische Bestimmung des Mitseins ansieht, zeigt die Stelle, an der er auf den Einwand eingeht, ich könnte mich täuschen, wenn ich mich von einem Anderen erblickt wähne. *Sartre* weist auf das Phänomen hin, daß auch dann, wenn ich den Irrtum bemerke, mich das Gefühl des Für-Andere-Seins nicht losläßt. Er leitet daraus ab, daß nicht der Andere selbst sich als Trugbild herausstellen kann, sondern sein tatsächliches Dasein als historisches und konkretes Ereignis. Darauf, daß es sich bei dieser Bedeutung um eine ontologische Interpretation handelt, weist mit Recht *Theunissen*, S. 227/228, hin.

[37] Vgl. oben, B., Anm. 33.

hältnis muß beim Verhältnis des Einen zum Anderen wechselseitig sein; denn die Seinsweise des Anderen unterscheidet sich in keiner Weise von der eigenen: er ist Für-sich und Bewußtsein und verweist auf Möglichkeiten, die seine eigenen Möglichkeiten sind. Er ist durch den Ausschluß Anderer er selbst.

Daß das so ist, kann mir nur sein Blick enthüllen. Wir hatten aber gesehen, daß das Vom-Anderen-gesehen-werden als die Umkehrung des Den-Anderen-sehens von der gleichen Problematik beherrscht wird wie dieses: der Eine kann sich nicht zum Mittelpunkt der Welt des Anderen machen. Daher ist, wie wir gesehen haben, die Bedingung herauszuarbeiten, unter der der Blick den Anderen als In-der-Welt-sein erfaßt und umgekehrt der Eine den Blick des Anderen als den Blick eines Seienden von der Seinsart des In-der-Welt-seins begreift.

Nur unter der Bedingung kann sich folgende von *Sartre* dargestellte Dialektik entfalten: „Der Andere existiert für das Bewußtsein nur als das abgewiesene es-selbst. Aber gerade weil der Andere ein er-selbst ist, kann er für mich und durch mich als er-selbst nur insofern abgewiesen werden, als er selbst es ist, der mich abweist" (S. 376). Nur ein Bewußtsein, das mich ergreift, könne ich ergreifen und begreifen.

Der Andere ist also für *Sartre* derjenige, für den mein Für-sich ist. So ist der Andere nicht nur insoweit nicht ich, als „ich ihn vor mir verleugne, sondern ich lasse mich absichtlich nicht ein Sein sein, das sich nicht Ich sein läßt" (S. 376). Diese doppelte Verneinung jedoch ist selbstvernichtend: der andere ist nämlich entweder Objekt, dann bin ich Subjekt und verliere den Anderen, der mich Objekt sein läßt. Oder der Andere ist das Subjekt, das mich zum Objekt macht. Dann verliert er seine eigene Objektheit. Daher kann meine Verneinung, der Andere zu sein, nicht unmittelbar sein[38]. Die Vermittlung geschieht bei *Sartre* über meine Objektheit. Ich verneine es, das Objekt zu sein, das ich für den Anderen bin. Hier zeigt sich die besondere Bedeutung, die bei *Sartres* Analyse der Intersubjektivität dem Leib zukommt. Der Gegenstand, der der Andere für mich ist, und der Gegenstand, der ich für den Anderen bin, ist primär der Leib (S. 397). Mein Leib ist das vermittelnde Glied zwischen mir und dem Anderen. Das Sich-losreißen von dem Objekt, das ich für den Anderen bin, ist gleichzeitig eine Annahme dieses vom Anderen zurückgewiesenen und mir entfremdeten Ich als das meinige. Gleichzeitig kommt dem Objekt-ich die Funktion zu, mich zu begrenzen und damit vom Anderen zu trennen. Die Vergegenständlichung des Anderen ist das zweite Moment meiner Beziehung zum Anderen.

Die Folgerungen, die *Sartre* aus dieser in ihren Voraussetzungen verkürzten Vermittlung des Einen zum Anderen über den Leib zieht, gehen

---

[38] Vgl. Klaus *Hartmann*, S. 107.

gerade in dem Punkt zu weit, in dem die Voraussetzungen nicht ausgewiesen sind:

Sartre meint, daß der mir erscheinende Objekt-Andere keine Abstraktion bleibe. Nicht nur seine Freiheit als transzendierte Transzendenz sei eine Eigenschaft, sondern er sei „außerdem ‚wütend' oder ‚vergnügt' oder ‚aufmerksam'... ‚geizig, ‚aufbrausend' usw." (S. 384). Seine von mir transzendierte Transzendenz erscheine als Überschreiten des Zeugs auf bestimmte Ziele hin, „und zwar in dem Maß, in dem ich in einem vereinheitlichenden Entwurf meiner selbst diese Ziele und dieses Zeug überschreite..." (S. 384/5). „Ich ergreife mich nämlich niemals abstrakt als reine Möglichkeit, ich selbst zu sein, sondern ich erlebe meine Selbstheit in ihrer konkreten Projektion auf dieses oder jenes Ziel hin" (S. 385).

Erinnern wir uns an die Tatsache, daß ich mich nicht an die Stelle des Anderen, in den Mittelpunkt seiner Welt setzen kann, dann erscheint das Erfassen einer fremden Zielsetzung als durchaus problematisch[39]. Die Zielsetzung geschieht nämlich gerade von dem je eigenen Standpunkt aus und ist mit diesem untrennbar verbunden. Um die fremde Zielsetzung zu erfassen, muß als weitere Bedingung hinzukommen, daß sich die fremde Zielsetzung mit der eigenen in irgendeiner Form berührt.

d) Die Bedingung der Möglichkeit, als In-der-Welt-sein gesehen zu werden

Um vom Anderen als In-der-Welt-sein begriffen zu werden, ist erforderlich, daß sich mein In-der-Welt-sein irgendwie äußerlich zeigt. Das ist primär dann der Fall, wenn ich handle. Erst der faktische Umgang mit Zuhandenem ermöglicht es einem Anderen, mich in meiner faktischen Verbindung zu den Gegenständen der Außenwelt zu wissen, und nicht als Vorhandenen neben anderen vorhandenen Gegenständen[40]. Der mich als Handelnden erblickende Andere kann mich so als Ursache für die von mir bewirkte Veränderung der Außenwelt sehen, wenn ich mit einem Gegenstand seiner Welt umgehe. Wie wir gesehen haben, sind aber alle Gegenstände mögliche Gegenstände einer fremden Welt. Durch die bloße Zuwendung des Anderen zu einem Gegenstand konstituiert er ein eigenes Verhältnis zu ihm, das mich ausschließt. Jedenfalls aber muß der Blick des Anderen mich und den Gegenstand erfassen, mit dem ich gerade umgehe. Damit wird der Gegenstand ein Gegenstand der

---

[39] Vgl. auch A. *Schütz*, S. 231. Er weist zutreffend darauf hin, daß der Andere als Subjekt, wie er sich selbst erscheint, mir vollständig entgeht „und folglich auch das System seiner Möglichkeiten".

[40] Wir kommen damit in unserem Verständnis der Intersubjektivität zu dem Begriff der Interaktion.

möglichen Auseinandersetzung zwischen mir und dem Anderen. Durch die Einordnung des Gegenstandes in seine Welt erlangt der Andere mir gegenüber eine besondere Stellung: es konstituiert sich in der Auseinandersetzung um den Gegenstand zwischen uns ein faktisches Verhältnis.

Die Bedeutung dieses Verhältnisses werden wir erst genauer erkennen, wenn wir auf die Rolle des Dritten eingegangen sind.

Die hierdurch nach *Sartres* Analyse des Blickes sich entwickelnde Dialektik kann aber nur dazu führen, daß der Handelnde sich als Ursache der mit dem Gegenstand der Außenwelt vorgenommenen Veränderung begreift. Einen über die Bestimmung als Ursache hinausgehenden Begriff seiner selbst kann er nicht erhalten, wie auch der Andere ihn nach dem jetzigen Stand unserer Untersuchung nur als Ursache wissen kann. Das heißt, ein Verstehen von sich selbst oder einem Anderen als In-der-Welt-sein wäre so noch nicht erklärt. Der soziale Sinn der Handlung, den *Sartre* in dem genannten Beispiel unterschiebt, kann bei diesem Verhältnis zwischen zwei Menschen schon deshalb nicht gegeben sein, weil noch gar keine Gemeinschaft vorhanden ist[41]. Eine Gemeinschaft setzt voraus, daß die Handelnden sich als Personen verstehen, das heißt, sich selbst als in irgendeiner Weise dem Anderen gleich ansehen. Dafür ist aber über den Prozeß der Objektivierung der Subjektivität hinaus ein solcher der Solidarisierung mit dem Anderen erforderlich. Die Konfliktsituation der Begegnung durch den Blick des Anderen nach *Sartre* schließt aber eine solche Solidarisierung aus[42].

Das ergibt sich auch, wenn wir die Frage von einem anderen Gesichtspunkt aus betrachten: sich als handelnde Person zu verstehen bedeutet, sich als Handelnder gegenüber anderen Personen zu verstehen. Ein solches Verständnis kann aber nach *Sartre* der Blick des Anderen mir nicht vermitteln. *Sartre* geht nämlich davon aus, daß ich mich nicht von mir aus über mein Verhältnis zum Anderen erheben und mir die Situation, in der ich mit dem Anderen verfangen bin, vor mich hinstellen kann, um sie als neutraler Beobachter anzusehen. Das Verhältnis zum Anderen ist gerade, wie wir gesehen haben, innerliche Negation. Der Andere wird von Grund auf als „nicht ich seiend" charakterisiert. Es gibt somit keine „Rückseite" unserer Beziehung[43] (S. 531).

---

[41] In Wirklichkeit stammt in dem Beispiel der Blick von dem Dritten, wie wir noch sehen werden.

[42] Vgl. *Theunissen*, S. 221.

[43] Diesen Gedanken hat wohl als erster Georg *Simmel*, S. 81, 84, 85 formuliert. Zu den Parallelen zwischen *Simmel* und *Sartre* vgl. *Theunissen*, S. 195 Anm.

3. Die Analyse der Intersubjektivität bei Sartre

Um mich als In-der-Welt-sein zu erfassen, ist es also nötig, daß ich mich von der Situation, in die ich mit dem Anderen verstrickt bin, befreie. Hierzu ist ein Dritter nötig[44]. Seine Bedeutung ist nun zu untersuchen.

e) Die Rolle des Dritten

Betrachten wir noch einmal *Sartres* Beispiel, an dem er den Blick des Subjekt-Anderen erläutert, dann wird klar, daß hier derjenige, der mich erblickt, wie ich durch das Schlüsselloch spähe, in unserem Sinne der Dritte ist. Da ich nämlich gegenüber dem hinter der Tür sich aufhaltenden oder vermuteten Menschen handle, ist dieser notwendig die zweite Person.

Das Auftauchen des Dritten bewirkt, daß ich und der Andere in eine Gemeinschaft zusammenrücken, weil wir beide für den Dritten zum Objekt werden. Unser beider Möglichkeiten werden uns entfremdet und damit auch die Möglichkeiten, die je Einer gegenüber dem Anderen hat[45]. Die Situation, in die wir verfangen waren, erhält durch und für den Dritten eine Außenseite. Wir rücken zusammen in die Gemeinschaft des Objekt-Wir. Erst dadurch wird bewirkt, daß ich mich erfahre als Einer unter Anderen, und zwar geschieht das folgendermaßen: Ich übernehme mich insofern selbst, als ich vom Dritten als integrierender Bestandteil des „Sie" aufgefaßt werde, und dieses von einer Subjektivität als ihr Für-Andere-sein übernommene „Sie" wird das „Wir" (S. 533/4). Um nun zur Person zu werden, muß ich mich wieder von der Einheit, die ich mit dem Anderen für den Dritten bilde, frei machen. Das erfolgt durch die Reflexion: „Das Für-sich macht sich frei und stellt seine Selbstheit gegen die Anderen" (S. 534). Aber jetzt ist in dem Wissen um die eigene Selbstheit das Wissen um die Tatsache anwesend, daß der Andere mir gleich ist[46].

---

[44] Schon *Simmel* weist die Veränderung auf, die durch das Auftauchen eines Dritten bewirkt wird (S. 93 ff.). Wie bei uns findet sich der Gedanke insbes. bei Th. *Litt*, S. 111 - 114.

[45] Vgl. *Theunissen*, S. 220/1.

[46] *Maihofer* beschreibt unter dem Begriff „Objektivation" den gleichen Prozeß (RuS, S. 103 - 105). Nach ihm erfolgt durch die Objektivation hindurch „jene Verwandlung der Individualentfaltung des unbestimmbaren und unvergleichbaren Einzelnen in bestimmte, mit Anderen vergleichbare Daseinsgestalt" (S. 104). Wie dieses „rätselhafte" Phänomen in einem Prozeß der Vergemeinschaftung, der „Veränderung" sich ereignet, stellt er allerdings nicht dar. Daß *Maihofer* an dieser Stelle auf die Philosophie *Hegels* zurückgreift, während seine übrigen Ausführungen auf der Philosophie *Heideggers* und *Husserls* beruhen, erscheint problematisch.

f) Das „Du" und das „Er"; das Rechtsbewußtsein

Jetzt können wir die besondere Bedeutung der zweiten Person in Absetzung zur Rolle des Dritten näher bestimmen. Unser Beispiel — ich stecke einen fremden Gegenstand ein — hat gezeigt, daß die zweite Person, das „Du", derjenige ist, der durch seinen Willen die Bedeutung meiner Handlung bestimmt. Das unterscheidet ihn von dem Dritten, der nur Zuschauer, Zeuge des Geschehens ist. Es ist ein Akt der Freiheit, durch den der Andere sich mir gegenüber in die Position der zweiten Person setzt. Er richtet seinen Willen auf den von mir behandelten Gegenstand und bestimmt sich so als Widerstand zur Verwirklichung seines Willens. Anders ausgedrückt: es ist sein freier Entschluß, sich durch meine Handlung betroffen zu fühlen. Durch diesen Entschluß konstituiert er ein konkretes Verhältnis zu mir, das ich für meine Selbstbestimmung brauche[47].

Als konkreter Wille ist er ein konkreter Anderer und gerade nicht die „pränumerische Realität", als die *Sartre* ihn anspricht[48]. Die „pränumerische Realität" ist vielmehr der Dritte. Er ist die personifizierte Gemeinschaft und bewirkt, daß mir das Verhältnis, in das ich mit dem Anderen, dem „Du", verstrickt bin, bewußt wird. In jeder Auseinandersetzung zwischen zwei Personen ist der Dritte, die Gemeinschaft, immer schon anwesend[49].

Durch die Anwesenheit des Dritten wird mir meine Handlung ursprünglich als eine rechtliche bewußt. Ich weiß mich als Einen unter Anderen, meine Handlung als die meine und also als die einer anderen Menschen gleichen Person. Ich weiß also, daß so, wie ich gehandelt habe, jeder Andere auch hätte handeln können. Das aber ist die rechtliche Kategorie[50, 51].

---

[47] Entsprechend meint auch A. *Schütz*, daß jeder von uns „seine Situation definiert". „Um mich mit einem Entwurf zu befassen, muß ich ihn für relevant erachten" (S. 232).

[48] Wir hatten allerdings gesehen, daß *Sartre* die zweite und die dritte Person durcheinanderbringt.

[49] Vgl. oben, A. 2. a). Der Dritte anerkennt den Willen des Anderen und ermöglicht mir dadurch, von seinem Willen zu wissen. Daß der Wille nicht erkannt, sondern nur anerkannt werden kann, und ich folglich, um den Willen des Anderen zu wissen, mir einen Dritten denken muß, findet hier eine Bestätigung und Fundierung.

[50] Vgl. auch oben, A. 2 .a).

[51] Auch *Lampe* versucht in seinem Buch: „Das personale Unrecht", vom Begriff der Person her das Unrecht zu definieren. Er bestimmt die Person in ihrer physischen (S. 116 ff.), psychischen (S. 118 ff.) und geistigen Realität (S. 135 ff.), ohne sie in ihrem Bezug zum Anderen anzusetzen. (Vgl. auch seine Rechtsanthropologie, in der er die Analyse des zwischenmenschlichen Bereiches der mitmenschlichen Beziehungen der Rechtssoziologie zuweist, S. 7.) Seine Ausführungen enthalten daher auch keine Analyse des Verhältnisses

von Selbst-Sein und mitmenschlicher Beziehung. Seine Bestimmung des Unrechts als Störung der mitmenschlichen Beziehungen (Beziehungsunwert) kann also nur über einen Begriff erfolgen, der den des Rechts bereits enthält: den Begriff des „Rechtsfriedens" (S. 210 ff.). Da der Begriff des Rechts den des Unrechts impliziert, stellt seine Argumentation eine petitio principii dar. Nicht vom Begriff des Rechts ist der des Unrechts abzuleiten, sondern vom Begriff der Person. Dies kann aber nur gelingen, wenn die Person definiert wird in ihrem Bezug zum Anderen. Von seiner Definition des personalen Unrechts als eines „freien Verstoßes der Person gegen die rechtlichen Bindungen, die von Natur aus in ihr enthalten sind" (S. 206) ist nicht ausgewiesen, wieso die rechtlichen Bindungen von Natur aus in der Person enthalten sind. Aus der Bestimmung des Menschen zum Selbst-Sein — die als Triebfeder sicher nicht richtig charakterisiert ist (S. 128) — lassen sich rechtliche Bindungen nur ableiten, wenn man, wie wir das tun, das Selbst-Sein als eine Weise des Mitseins ansieht. *Lampe* aber bleibt bei der Bestimmung des Selbst-Seins in dem von *Kant* und N. *Hartmann* gesteckten Rahmen (vgl. S. 176 f.).

C. Folgerungen aus dem Interaktionsverhältnis für das Unrechtsbewußtsein

1. Das Unrechtsbewußtsein als eine Weise der Selbstbestimmung

Wir sind jetzt in der Lage, das Unrechtsbewußtsein näher zu charakterisieren.

Zunächst ist es streng zu unterscheiden von einem irgendwie gearteten Gegenstandsbewußtsein. Nicht die Kenntnis des abstrakten Rechts oder einer sonstigen sozialen Verpflichtung und der Vergleich dieses Rechts oder dieser Verpflichtung mit der eigenen Handlung machen das Unrechtsbewußtsein seinem Wesen nach aus. Vielmehr hängt das Unrechtsbewußtsein unmittelbar mit der Konstituierung des Individuums als Person zusammen. Allgemein definieren wir das Unrechtsbewußtsein folgendermaßen: Unrechtsbewußtsein ist das Ergebnis des Vermögens, sich selbst als Person unter anderen Personen zu konstituieren.

Das bedeutet im einzelnen: In seiner faktischen Existenz ist das Dasein immer in seiner bestimmten Situation, das heißt, in einem konkreten Verhältnis zu Anderen. Die Selbstbestimmung des Menschen muß daher jeweils die konkrete Situation mitbestimmen. Das geschieht einerseits durch die Trennung des Ich vom Anderen, andererseits durch die Solidarisierung mit dem Anderen[1]. Daraus ergibt sich, daß die Selbstbestimmung bei einer Handlung, die den Anderen nicht als Person behandelt, sondern gerade seine Personalqualität nicht zur Geltung kommen läßt, obwohl sie ihn als Person weiß, das Unrechtsbewußtsein enthalten muß: in der Auseinandersetzung mit dem Anderen, zu der als wesentlicher Bestandteil eben auch die Solidarisierung des Ich mit dem Anderen gehört, taucht dieser als Person auf und verhilft so dem Täter, sich selbst als Person zu erfassen. Die begangene oder zu begehende Handlung muß

---

[1] Diese beiden Komponenten des Rechts dürfen nicht verwechselt werden mit dem Naturrecht und dem Liebesrecht bei *Küchenhoff* (Naturrecht und Liebesrecht). Unsere Ausführungen bleiben im Rahmen dessen, was *Küchenhoff* unter Naturrecht versteht und zeigen dessen intersubjektive Struktur auf. Nun begegnen sich die Rechtspersonen auch unter anderen als rechtlichen Gesichtspunkten und auch ihre rechtlichen Beziehungen lassen sich unter anderen Gesichtspunkten betrachten. Daß daraus aber kein neues Recht entstehen kann, zeigen auch und gerade die Beispiele, die *Küchenhoff* als Beispiele für ein Liebesrecht bringt (z. B. die Rechtswidrigkeit der Anwendung empfängnisverhütender Mittel, S. 93).

1. Das Unrechtsbewußtsein als eine Weise der Selbstbestimmung 75

dann erfahren werden als eine solche, die diesem neuen Bewußtseinsstand widerspricht.

Das bedeutet, daß das Unrechtsbewußtsein die erste Anwendung des Vermögens der Selbstbestimmung ist, die nur als Selbstbestimmung in einer Gemeinschaft mehrerer Personen als Teil dieser Gemeinschaft möglich ist[2]. Das Selbstbewußtsein ist also immer schon ein Sich-wissen als Rechtssubjekt und enthält gleichzeitig auch den Anderen als Rechtssubjekt, während einer unreflektierten Erfahrung der Andere als Gegenstand begegnet. Sich als Handelnden zu wissen bedeutet demnach, seine Handlungen als rechtliche zu wissen. Die Handlungen werden ursprünglich unter den Kategorien rechtmäßig — rechtswidrig bewußt.

Von sich aus ist der einzelne nicht in der Lage, ein solches Vermögen auszubilden. Es entsteht vielmehr durch einen Prozeß der Interaktion um Gegenstände der Sachgüterwelt. Dies bedeutet, daß das Unrechtsbewußtsein keine rein individuelle Leistung ist, sondern eine Gemeinschaftsleistung mehrerer Bewußtseinsindividuen. Hierbei kommt dem Anderen, wie wir gesehen haben, nicht nur die passive Rolle eines Beobachters zu — sie ist auch nötig und wird von dem Dritten übernommen —, sondern er muß mit dem Handelnden ein konkretes Verhältnis der Auseinandersetzung eingehen, um ihn als Person zu begrenzen und ihm damit Konturen zu geben. Das zeigt, welche Bedeutung den Möglichkeiten der Auseinandersetzung in einer Gesellschaft für das Unrechtsbewußtsein eines Täters zukommt. Sie sind Grundlage und stecken die Grenze für das, was die Juristen (der Dritte nach unserem Schema) als Recht ansehen können. In die Auseinandersetzung aktiv miteinbezogen zu werden, stellt die Bedingung für ein Rechts- oder Unrechtsbewußtsein dar.

---

[2] Als eine besondere Leistung sieht das Unrechtsbewußtsein auch Armin *Kaufmann* an. Folgerichtig lehnt er eine Regelung ab, nach der der strafrechtlich beachtliche Irrtum nur bei positiver Annahme des Täters, kein Unrecht zu tun, gegeben sei (Schuldfähigkeit ..., S. 325 ff. in bezug auf § 21 des E 60; ebenso *Dreher*, S. 99, 100; auch *Cüppers*, S. 9).
Kadecka sieht im Unrechtsbewußtsein ein Gefühlsvermögen, der Verbotsirrtum ist seiner Meinung nach ein Mangel an Gefühlsleben (Unrechtsbewußtsein, S. 81; ähnlich v.*Bar*, S. 391; *Exner*, S. 66 ff.; *Heims*, ZStW 40, 580 ff., insbes. S. 582 ff., 743 ff.; 41, 74 ff.). Sein Anliegen, zu zeigen, daß das Unrechtsbewußtsein kein rein intellektuelles Moment ist, ist berechtigt. Die Bestimmung als Gefühlsvermögen macht allerdings die Bedeutung dieses Vermögens für den Einzelnen (Täter) nicht deutlich und kann daher nur als Ansatz angesehen werden. Es fehlt die Erkenntnis, daß den verschiedenen Reflexionsstufen ein jeweils besonderer emotionaler Bereich zukommt. (Gegen *Kadecka Rittler*, Lehrbuch, S. 153, Anm. 1, vermittelnd *Nowakowski*, Grundzüge, S. 65).

2. Unrechtsbewußtsein und Vorsatz; die Möglichkeit des Verbotsirrtums

Der Unterschied des Unrechtsbewußtseins zu einem Gegenstandsbewußtsein bedingt, daß der Verbotsirrtum primär in einer anderen Erscheinungsform auftritt als ein sonstiger Irrtum.

Da das Unrechtsbewußtsein als der Ausdruck eines bestimmten Vermögens zu charakterisieren ist, sind die Fälle, in denen das Unrechtsbewußtsein ausbleibt, vor allem die, in denen der Täter zum fraglichen Zeitpunkt aus irgendeinem Grund dieses Vermögen nicht aufgebracht hat. Es fehlt dann im Bewußtsein des Täters der rechtliche Gesichtspunkt überhaupt[3].

Natürlich sind auch Fälle des Verbotsirrtums denkbar, in denen der Täter positiv, aber irrig meinte, rechtmäßig zu handeln[4]. Diese Fälle stellen aber auch aus folgendem weiteren Grund nicht das eigentliche Problem des Verbotsirrtums dar[5]:

Die zu dem Rechtsbewußtsein führende Situation der Auseinandersetzung ist gekennzeichnet von dem Eingriff des Handelnden in den Bereich des Anderen. Der unreflektiert Handelnde ordnet alles, was ihm begegnet, dem zu erreichenden Ziel unter. So erfaßt er den Anderen als nützlichen oder widerständigen Gegenstand für sein Ziel. Der Andere aber setzt ihm seine eigene Zielsetzung entgegen und erzwingt so die Anerkennung seiner selbst als Mensch.

Diese ursprüngliche Mißachtung des Anderen bedeutet, daß der Bereich des Rechtlichen sich nur über ein primäres Unrechtsbewußtsein erschließt, nicht aber über ein Bewußtsein, rechtmäßig zu handeln. Die

---

[3] Im Strafrecht gilt auch das Fehlen einer Vorstellung als Irrtum (vgl. H. *Mayer*, Strafrecht, S. 258 f., *Schmidhäuser*, Aktualität, S. 318 ff., *Schönke/ Schröder*, Rdnr. 116, 122 zu § 59). Beim Tatbestandsirrtum jedoch überwiegen die Fälle des Irrtums im techn. Sinn (Täter hält eine fremde Sache für die eigene; er hält infolge fehlerhafter Wahrnehmung einen Menschen für ein Tier). Allerdings sind auch hier Fälle denkbar, in denen etwa der Täter sich über die Eigentumsverhältnisse einer Sache keine Gedanken macht und daher keine Kenntnis von der Fremdheit der Sache hat. Auch das ist ein Tatbestandsirrtum.

[4] Hierher gehören auch die Fälle des bedingten Unrechtsbewußtseins. Ihnen kommt nach unseren Ausführungen nur geringe Bedeutung zu. A. A. *Fieseler*, S. 85; *Sauer*, ZStW 51, 169; *Furger*, S. 148.

[5] Der BGH hat in der Arbeit zugrunde liegenden Entscheidung (BGH 2, 194 ff.) drei Fälle des Verbotsirrtums genannt, die alle d.ei am eigentlichen Problem vorbeigehen: 1. Der Täter hält zufolge Nichtkennens oder Verkennens der Verbotsnorm seine Tat schlechthin für erlaubt. 2. Der Täter hält die Tat für erlaubt, weil er an die Existenz einer rechtfertigenden Gegennorm glaubt. 3. Der Täter hält sein Tun für erlaubt, weil er die Grenzen einer an sich eingreifenden, rechtfertigenden Gegennorm verkennt.

2. Unrechtsbewußtsein und Vorsatz

eigene Handlung erschließt sich zunächst als eine unrechtmäßige[6]. Erst danach kann ein ausdrücklicher Vergleich der eigenen Handlung mit dem positiven Recht dennoch die Rechtmäßigkeit feststellen. Erst wenn dieser ausdrückliche Vergleich fehlerhaft durchgeführt wird, kann ein Verbotsirrtum zustandekommen, bei dem der Täter von der Vorstellung der Rechtmäßigkeit seiner Handlung ausgeht. Hierbei geht es weitgehend um die Beschaffung der Kenntnis von Tatsachen[7], nicht aber um die Struktur des Unrechtsbewußtseins.

Wie wir gesehen haben, setzt das Unrechtsbewußtsein die Anerkennung des Anderen als Selbständigen voraus. Aber auch die Straftatbestände sehen den Menschen als Selbständigen und von der Gemeinschaft Anerkannten an (s. o., A. 2. am Anf.). Da auch der vorsätzlich Handelnde einen Begriff des Anderen haben muß, wie ihn die Tatbestände voraussetzen, wird die Abgrenzung vom Tatbestands- zum Verbotsirrtum zum Problem.

Es besteht jedoch ein wesentlicher Unterschied zwischen dem Unrechtsbewußtsein und der Kenntnis der Tatumstände: Jenes ist reflexiv auf die eigene Handlung als die je meinige gerichtet[8, 9], während die Kenntnis

---

[6] Unserer Meinung am nächsten kommt *Dreher*. Er führt aus, daß sich dem Redlichen die Frage, ob er recht tut, überhaupt nicht aufdränge, und fährt dann fort: „Tut sie es, so kann das gerade ein Zeichen sein, daß sich gewisse Zweifel bei ihm melden" (S. 100). Dieses primäre Unrechtsbewußtsein erklärt die Meinung, nach der entweder das Unrechtsbewußtsein vermutet werden kann (so vor allem *Feuerbach*, vgl. Art. 43 bayr. StGB von 1813, krit. dazu *Maurach*, Unrechtsbewußtsein, S. 306 - 312; beschränkt auf bestimmte Delikte in neuerer Zeit *Hartung*, JZ 55, 664/5), oder bei bestimmten Delikten im Hinblick auf die dolus eventualis die Möglickkeit des Verbotsirrtums weitgehend entfällt (vgl. oben C., Anm. 4). Die Meinungen verkennen die besondere Leistung der Reflexion auf die eigene Handlung, die für ein Unrechtsbewußtsein erforderlich ist. Haltbar erscheint die Formulierung von *Engisch*, die Kenntnis der Tatumstände gebe für den Täter eine Anregung, die Rechtmäßigkeit zu prüfen (ZStW 70, 576).

[7] So *Mattil*, S. 206, der alle Fälle des Verbotsirrtums so erklärt (vgl. o. Einl. 4. a), Anm. 27).

[8] Schon *Welzel* hat scharf zwischen Objekt der Wertung und Wertung des Objekts unterschieden und den Vorsatz bei der Schuld zum Objekt der Wertung gerechnet (vgl. Lehrbuch, S. 161). Aber wichtiger als dieses formale Verhältnis ist die eigenartige Struktur des reflexiven Bewußtseins, das die Konstitution des eigenen Ich mit einschließt.

[9] Diese Reflexion auf die eigene Handlung ist noch nicht gegeben, wenn etwa beim Beamtendelikt der Täter seine Beamteneigenschaft im Bewußtsein hat. Ebensowenig ist sie von denjenigen gemeint, die für den Tätervorsatz ein Ich-Erlebnis verlangen (vgl. dazu *Lampe*, D. pers. Unrecht, S. 182 mit den Literaturnachweisen).

Daß es sich bei dem Unrechtsbewußtsein um eine besondere Stufe der Reflexion handelt, wird auch von den Autoren nicht gesehen, die zwischen der Kenntnis der Tatumstände und dem Unrechtsbewußtsein unterscheiden (vgl. nächste Anmerkung). So meint Arth. *Kaufmann*, das für ein Unrechtsbewußtsein erforderliche Bewußtsein der Sozialschädlichkeit sei gegeben, wenn der Täter alle deskriptiven und normativen Tatbestandsmerkmale kennt (Under Tatumstände vor allem ein Wissen von der Umwelt ist, und das Ich in seinen Bezügen zur Umwelt dem Handelnden nicht thematisch zu werden braucht[10]. Daraus ergibt sich grundsätzlich die Möglichkeit, daß trotz Vorsatzes das Unrechtsbewußtsein fehlt.

Für den Vorsatz reicht die Bewußtseinsform des präreflexiven cogito im Sinne *Sartres* aus. Auch dieses ist Bewußtsein. Daher ist auch in dieser Bewußtseinsform der Andere als Selbständiger unausdrücklich mitgegeben. Aber die ursprüngliche Situation, die das Selbstbewußtsein erst schaffte, braucht von dem Bewußtsein nicht aktualisiert zu werden.

Im einzelnen richtet sich das Verhältnis zwischen der Kenntnis der Tatumstände und dem Unrechtsbewußtsein nach der Art der Begegnung des Täters mit dem Opfer bei dem Delikt. Bei den von uns gebildeten Deliktgruppen ergibt sich folgendes:

Bei den Delikten der 2. Gruppe (Mord, Totschlag, Körperverletzung) liegt ein unvermitteltes Konfliktverhältnis des Täters zu dem Opfer vor. Dem unreflektiert handelnden Täter sind der Leib und das Leben des Opfers zwar unmittelbar gegeben, nicht aber gerade als Leib oder Leben eines Menschen, d. h. als von dem Träger gewollt und von der Gemeinschaft anerkannt. Das ergibt sich daraus, daß, wie wir gesehen haben, der Andere als Mensch überhaupt nicht unvermittelt gegeben ist, sondern nur in seinem Verhältnis zu Sachgütern als Mensch erschlossen werden kann. Es handelt sich bei diesen Delikten gerade nicht um die Begeg-

---

rechtsbewußtsein, S. 169, 170; Schuldprinzip, S. 131; krit. *Engisch,* Bespr.). Auch *Schmidhäuser,* der meint, daß das einmal sprachgedanklich erfaßte Unrecht sachgedanklich verfügbar sei, verkennt, daß in jedem Fall des Unrechtsbewußtseins die Leistung der Reflexion auf die eigene Handlung erbracht werden muß (Aktualität, S. 328/9).

[10] Die juristische Literatur sieht den Unterschied vor allem folgendermaßen: Unrechtsbewußtsein sei die Gesamtbewertung der Tat als einer rechtswidrigen, während sich das Wissen von den Tatumständen auf die einzelnen Merkmale des Tatbestandes beziehe (vgl. *Busch,* Festschrift für Mezger, S. 165; *Welzel,* MDR 1952, 584; *Mezger,* StuB 3. Aufl., S. 325 ff.; NJW 53, 5; BGH 2, 196 f.)

Demgegenüber wird geltend gemacht, daß die Einzelbewertung z. B. bei den normativen Tatbestandsmerkmalen die Gesamtbewertung der Tat voraussetze, daß sich mithin nur aus dem Verbot die Tragweite der einzelnen Tatbestandsmerkmale ergebe, daß das gleiche Problem bei Blankettgesetzen und Rechtfertigungsgründen entstehe, und daß daher die Unterscheidung zwischen Tatbestands- und Verbotsirrtum nicht möglich sei (so *Lang-Hinrichsen,* JZ 53, 362 ff.; JR 52, 184 ff.; JR 52, 303 ff.; *Schröder,* ZStW 65, 183 ff.; MDR 51, 387 ff.). Die vertretene Unterscheidung macht nicht deutlich, daß für das Unrechtsbewußtsein gegenüber der Kenntnis der Tatumstände eine zusätzliche Reflexion erforderlich ist. Sieht man aber davon ab, so ist sie von unserem Standpunkt aus nicht falsch; die Gesamtbewertung der Tat bezieht sich notwendig auch auf das handelnde Subjekt als Handelnden, d. h. als unmittelbar dem Anderen gegenüber wirkend. Dagegen kann das Wissen von den Tatumständen abstrakt bleiben, d. h. es braucht die Gesamtsituation, in der der Täter sich befindet und die er durch seine Handlung schafft, nicht zu erfassen.

nung zweier Bewußtseinsindividuen, die sich gegenseitig als solche erkennen. Hierin liegt der Nachweis, daß die Rechtsgüter Leib und Leben bei diesen Delikten als vom Träger gewollte und von der Gemeinschaft anerkannte gemeint sind. Sie sind nicht die Gegenstände der kommunikativen Auseinandersetzung, weil sich die Kommunikation gar nicht über sie vollzieht.

Damit ist das Problem, welche Struktur das Wissen vom Anderen bei der vorsätzlichen Tatbegehung bei diesen Delikten hat, noch nicht gelöst. Bei der Wahrnehmung der äußeren Erscheinung des Anderen ist dem Täter der Andere als Bewußtseinsindividuum in derselben Weise mitgegeben wie dem präreflexiven cogito das Ich-Bewußtsein, d. h. ein solches Verständnis des Anderen ist beim Täter zwar nicht aktuell vorhanden, wohl aber aktualisierbar.

Das Unrechtsbewußtsein jedoch erfordert vom Täter das aktuelle Wissen vom Anderen als Bewußtseinsindividuum, denn ein solches Wissen vom Anderen hat sich als die Voraussetzung für ein Wissen seiner selbst als Person herausgestellt. Es wird bewirkt durch den „Einbruch des Ich in das unreflektierte Denken"[11]. Wie wir gesehen hatten, taucht gleichursprünglich mit dem das eigene Ich begrenzenden Anderen das Ich auf. Hierfür ist, wie bereits ausgeführt, die Vermittlung eines Dritten nötig, das den in der Auseinandersetzung sich Befindenden ihre Personqualität verleiht.

Daraus ergibt sich aber, daß das Ich als Subjekt nicht notwendig die Anerkennung jedes anderen Menschen als Bewußtseinsindividuum einschließt, denn die gemeinschaftskonstituierende Kraft der Anerkennung der Fremdexistenz ist von der durch Dritte vermittelten Bedeutung abhängig. Die Möglichkeit des Unrechtsbewußtseins folgt aus dem Vermögen, Andere in den Kreis der anerkannten Personen einzubeziehen. In unserer heutigen Gesellschaft ist bei normaler Vermittlung freilich jeder Mensch in diesen Kreis einbezogen. Aber die Ausnahmen bleiben nicht bloß theoretisch erdachte.

Werden in einer Gesellschaft bestimmte Menschen nicht als Bewußtseinsindividuen anerkannt, so geschieht ihnen gegenüber Unrecht, denn das Verhältnis der Bewußtseinsindividuen untereinander ist vor jeder positivrechtlichen Regelung ein rechtliches (siehe auch oben, B. Anm. 17).

Die Frage in den Einzelfällen aber, ob bei einer Tat gegenüber einem nicht anerkannten Menschen der Täter vorsätzlich gehandelt hat, erfordert eine genaue Untersuchung der gesellschaftlichen Verhältnisse und ist daher auch ein historisches Problem. So wird man bei dem römischen Sklavenhalter einen Freiheitsberaubungsvorsatz eher verneinen als bei

---

[11] *Sartre*, Das Sein und das Nichts, S. 347.

demjenigen, der sich im Dritten Reich an der Internierung von Juden in Konzentrationslagern beteiligt hat. Eine allgemeine Beantwortung dieser Frage ist aus dem bereits oben genannten Grund nicht möglich: Das Verhältnis des Täters zum Opfer ist von der durch Dritte vermittelten Bedeutung abhängig. Der Dritte muß das Verhältnis zum Opfer ausdrücklich als ein Rechtsverhältnis verstehen, damit der Täter vorsätzlich handeln kann.

Anders ist das Verhältnis von der Kenntnis der Tatumstände und dem Unrechtsbewußtsein bei den Delikten der ersten Gruppe (Diebstahl u. a.). Hier begegnet dem Täter der Andere als Inhaber der Sachherrschaft über die Sache und als ihr Eigentümer. Kenntnis der Tatumstände bedeutet hier die Kenntnis von der Eigentümerstellung und der Sachherrschaft des Anderen. Jedoch ist das Band zwischen dem Anderen und der Sache vergeistigt. Der auf die Sache bezogene Wille des Eigentümers kann vom Täter nicht unmittelbar erfahren, sondern muß von ihm gedacht werden. Daher ist eine Tatbegehung möglich, bei der der Täter den Willen des Berechtigten bezüglich der Sache zwar abstrakt weiß, nicht aber auf die konkrete eigene Handlung bezieht als einer, die dem Willen des Berechtigten widerspricht. Für die Kenntnis der Tatumstände, nicht aber für das Unrechtsbewußtsein genügt das abstrakte, von der eigenen Handlung losgelöste Wissen von der Berechtigung des Anderen. Demgegenüber erfaßt das Unrechtsbewußtsein die eigene Handlung in ihrer Bedeutung für den Anderen als Handlung der eigenen Person gegenüber einer anderen Person. Die für den Vorsatz als dem Wissen von der Berechtigung des Anderen erforderliche Reflexion muß für das Unrechtsbewußtsein unmittelbar auf die eigene Handlung bezogen werden.

Beim Raub und den übrigen Delikten der dritten Gruppe begegnet der Andere unmittelbar und als Inhaber der Sachherrschaft über die Sache oder eine Sachgesamtheit sowie als ihr Eigentümer. Im Gegensatz zu den Delikten der ersten Gruppe drängt sich hier dem Täter das unmittelbare Betroffensein des Anderen durch seine Handlung auf. Eine Tatbegehung, bei der der Täter die Relevanz seiner Handlung für den Anderen nicht realisiert, ist hier nicht möglich. Auf der anderen Seite — und das im Gegensatz zu den Delikten der zweiten Gruppe — muß der Täter den Anderen bereits in seinem Bezug zu Gegenständen erfassen. Damit ist dem Täter die Verletzung des Willens des Anderen bewußt.

Damit weiß der Täter aber den Anderen bereits als eine ihn selbst begrenzende Person. Er weiß sich aus dem Verhältnis des Anderen zu der Sache ausgeschlossen. Das bedeutet, daß bei diesen Delikten mit dem Vorsatz ein primäres Unrechtsbewußtsein mitgegeben ist. Ein Verbotsirrtum kann also nur in der Form vorkommen, daß ein nachträglicher, ausdrücklicher Vergleich der eigenen Handlung mit dem positiven Recht fehlerhaft durchgeführt wird. Bei dieser Deliktgruppe trifft also die Meinung des BGH zu, daß der Verbotsirrtum in drei Fällen vorkommt:

1. Der Täter hält zufolge Nichterkennens oder Verkennens der Verbotsnorm sein Tun schlechthin für erlaubt.

2. Der Täter hält die Tat für erlaubt, weil er an die Existenz einer rechtfertigenden Gegennorm glaubt.

3. Der Täter hält die Tat für erlaubt, weil er die Grenzen einer eingreifenden, rechtfertigenden Gegennorm verkennt (BGH 2, 197).

In diese Gruppe fällt auch der vom BGH entschiedene Fall: Der Täter, ein Rechtsanwalt, hatte in einer auf mehrere Verhandlungstage berechneten Strafsache gegen eine Frau W die Verteidigung übernommen. In der ersten Verhandlungspause verlangte er von ihr unter der Drohung, anderenfalls die Verhandlung nicht weiterzuführen, Zahlung von 50,— DM. Am nächsten Tag nötigte er sie mit der gleichen Drohung, einen Honorarschein über 400,— DM zu unterzeichnen. Der Täter erfaßte hier den Bezug seiner Klientin zu ihrem Vermögen als ein ihn ausschließendes Verhältnis der Freiheit. Er wußte, daß seine Drohung dieses Verhältnis unmittelbar beeinträchtigte. Zu diesem Eingriff in das ihn ausschließende Verhältnis glaubte er sich berechtigt, weil er auf das Geld und den Schuldschein einen Anspruch zu haben glaubte. Das ändert aber nichts an dem primären Erlebnis der Unrechtmäßigkeit der Handlung, welches erst die Suche nach einer rechtfertigenden Gegennorm und die ausdrückliche rechtliche Subsumption veranlaßte.

Bei den Beleidigungsdelikten (4. Gruppe) weiß der Täter den Beleidigten als durch seine Äußerung verletzt — dies im Gegensatz zu den Delikten der 1. Gruppe. Die Ehrverletzung ist, wie wir gesehen haben (s. o., A. 2. d) gerade eine Verletzung der Person in ihrem Bezug zu den Mitmenschen. Der Täter muß also den Anderen gerade in seinem Personsein angegriffen wissen.

Diese Delikte können nur auf einer Ebene begangen werden, auf der der Täter sich selbst und den Anderen als Rechtspersonen versteht. Die mit der Beleidigung ausgedrückte Mißachtung des Anderen ist keine solche, die dessen Personqualität bei der Verfolgung der eigenen Ziele übergeht, sondern der Beleidiger behauptet vom Anderen, dieser bleibe hinter seiner eigentlichen Bestimmung als Person tatsächlich zurück. Das Absprechen der Personqualität ist lediglich verbal. So ist das beleidigende Verhalten in sich widersprüchlich. Es hat einerseits die Personqualität des Beleidigten und das Wissen um diese Personqualität durch den Beleidiger zur Voraussetzung. Ausdrücklich aber spricht der Beleidiger dem Beleidigten die Personqualität ab.

Daraus ergibt sich, daß das Unrechtsbewußtsein bei der Beleidigung nicht in dem Wissen bestehen kann, den Anderen als Person übergangen zu haben, sondern es muß in dem Wissen um eben diesen Widerspruch liegen. Hier ist es nicht das Unrechtsbewußtsein, welches das Ich-Bewußtsein und die Personalität des Täters mitbegründet, sondern Ich-Bewußtsein und Personalität sind für die Tatbegehung Voraussetzung. Vorsatz und Unrechtsbewußtsein liegen hier also sehr dicht zusammen. Auch der Vorsatz enthält das Wissen um die Widersprüchlichkeit des Verhaltens. Ein Verbotsirrtum kann daher nur als ein Informationsmangel auftreten, z. B. der Täter irrte über die Rechtswidrigkeit von Äußerungen beleidigenden Inhalts über Dritte in vertraulichem Kreis[12].

Wir brauchen die besonderen Probleme der Beleidigungsdelikte hier nicht weiter zu verfolgen. Die Art der Auseinandersetzung ist bei diesen Delikten nicht typisch für das Täter-Opfer-Verhältnis bei einer Straftat.

3. Die Möglichkeit des verschuldeten und des unverschuldeten Verbotsirrtums*

Mit der Bestimmung des Unrechtsbewußtseins als einer Weise des Selbstseins und der grundsätzlichen Möglichkeit des Daseins zum Selbstsein ist die Möglichkeit des verschuldeten und des unverschuldeten Verbotsirrtums angezeigt:

Wenn die Verbotskenntnis eine Weise der Selbstbestimmung als Person ist, dann ist der Verbotsirrtum zu kennzeichnen als ein Mangel im Selbstsein, und zwar als ein Mangel im Selbstsein als Mitsein. Wir hatten diese Weise des Selbstseins als ein bestimmtes Vermögen der Person erkannt. Von daher wird verständlich, daß es grundsätzlich möglich sein muß, durch willensmäßige Anstrengung zu diesem Vermögen zu kommen.

Diese Anstrengung läßt sich mit dem vom BGH verwendeten Begriff der „Gewissensanspannung" bezeichnen. Was den einzelnen dazu veranlaßt, diese Anstrengung aufzubringen, ist nicht primär die Furcht vor Strafe, sondern es ist im Sein des Daseins selbst angelegt. Als ein Seiendes, dem es in seinem Sein um dieses selbst geht, steht das Dasein von sich aus vor der Notwendigkeit, sich aus der Situation, in die es in der Auseinandersetzung mit dem Anderen verstrickt ist, zu befreien. Es gibt dann durch das Bewußtsein eines Dritten seiner Beziehung zu dem

---

[12] Vgl. zu diesem Problem *Engisch*, GA 1957, 326 ff., 336/7.

* Wir gehen hier nur auf den Verbotsirrtum ein, bei dem im Bewußtsein des Täters die rechtliche Kategorie überhaupt fehlt.
Bei dem Verbotsirrtum als Informationsmangel ergibt sich für den Täter aus dem primären Unrechtsbewußtsein immer Anlaß, sich nach der rechtlichen Zulässigkeit seiner Handlung näher zu erkundigen. Daher rührt die grundsätzliche Möglichkeit, ein Verschulden anzunehmen. Diese Fälle sind aber für die Konstituierung des einzelnen als Rechtsperson nicht von grundsätzlicher Bedeutung. Hier handelt es sich in der Tat nur um ein Abgrenzungsproblem.

3. Verschuldeter und unverschuldeter Verbotsirrtum

Anderen die Außenseite frei und konstituiert sich und den Anderen so als Personen. Ebenso ist es (in den Fällen der Delikte der 1. Gruppe) genötigt, seine Handlung als eine gegen eine andere Person gerichtete zu übernehmen und sich als handelnde Person zu konstituieren. Das eine oder andere nicht getan zu haben, ist die Schuld des Täters.

Hieraus ergibt sich die Schlüssigkeit der Argumentation des BGH, der meint, der Mensch sei „auf freie, verantwortliche, sittliche Selbstbestimmung angelegt *und deshalb* befähigt, sich für das Recht und gegen das Unrecht zu entscheiden"[13]. Selbstbestimmung und Verbotskenntnis hängen in der Tat unmittelbar zusammen. Sie haben sich als zwei Seiten derselben Sache herausgestellt[14].

Somit kann ein Verbotsirrtum, bei dem der Täter sich über die rechtliche Relevanz seiner Handlung keine Gedanken gemacht hat, immer als persönliche Schuld angesehen werden.

Eine Erörterung der strafrechtlichen Schuld kann bei diesem Ergebnis nicht stehenbleiben. Bei dem Schuldurteil, das die Gemeinschaft über den einzelnen fällt, muß berücksichtigt werden, daß die Fähigkeit zum Unrechtsbewußtsein eine durch einen gesellschaftlichen Prozeß der Interaktion vermittelte Fähigkeit ist. Diese Seite spricht der BGH mit den Worten an, die Rechtsprechung des Reichsgerichtes, ein Verbotsirrtum sei stets verschuldet, habe ihre Berechtigung gehabt „in den politisch und sozial ausgeglichenen Verhältnissen der zweiten Hälfte des 19. Jahrhunderts. In Zeiten dagegen, in denen das Gefüge des staatlichen und sozialen Lebens in seinen Grundfesten erschüttert oder geradezu umgestaltet wird, trifft dies nicht zu"[15].

Wir hatten gesehen, daß es für das Unrechtsbewußtsein entscheidend darauf ankommt, wieweit der einzelne an dem Prozeß der gesellschaftlichen Auseinandersetzung tatsächlich teilnehmen kann und teilnimmt. Daher ist dem BGH auch darin zuzustimmen, daß Leben und Berufskreis

---

[13] BGH 2, 200 (s. o., Einl. 1.).

[14] Es sei betont, daß diese Ableitung nur die grundsätzliche Möglichkeit aufzeigt, daß der Verbotsirrtum verschuldet sein kann, nicht aber eine Abgrenzung vornimmt, wann er verschuldet ist. Die Ausführungen beinhalten daher keine Stellungnahme zu der Frage, ob die Zumutbarkeit der Gewissensanspannung der richtige Abgrenzungsmaßstab ist (BGH 2, 201; 3, 366; 9, 172; *Henkel* Zumutbarkeit, S. 263, 267) oder die Einsichtsfähigkeit des Täters (H. *Mayer*, StrR, S. 236 ff.; MDR 52, 393; *Dreher*, S. 98 ff.; *Maurach* AT, S. 339; Armin *Kaufmann*, Schuldfähigkeit, S. 321 ff.). Wir haben vielmehr nur begründet, daß überhaupt so etwas wie Gewissensanspannung oder Nutzung der Einsichtsfähigkeit zu einem Unrechtsbewußtsein führen kann. Auf dieser bisher unerwiesenen Voraussetzung beruhen alle Abgrenzungskriterien gleichermaßen.

[15] BGH 2, 201. Wir haben die Tatsache, daß der BGH hier einen anderen Verbotsirrtum meint als wir, bewußt außer acht gelassen.

des einzelnen zu berücksichtigen sind, allerdings nicht, wie der BGH in der Entscheidung meint, um das Maß der zumutbaren Gewissensanspannung zu ermitteln[16], sondern um die Möglichkeit der Unrechtseinsicht vom einzelnen her zu bestimmen[17].

Abgesehen davon, daß ein Verbotsirrtum im hier erörterten Sinn, bei dem der Täter sich über die rechtliche Relevanz der Handlung keine Gedanken gemacht hat, bei den Delikten unserer dritten Gruppe nicht vorkommen kann, ist nach unserer Ableitung die Möglichkeit des unverschuldeten Verbotsirrtums grundsätzlich bei allen Delikten gegeben. Wann im einzelnen Verschulden vorliegt, ist ein Abgrenzungsproblem, das nicht mehr in den Rahmen unserer Untersuchung fällt. Die vielfach vertretene Meinung, bei bestimmten Delikten gäbe es keinen unverschuldeten Verbotsirrtum[18], ist als generelle Regel nicht haltbar.

Wir hatten das Fehlen des Unrechtsbewußtseins als einen Mangel im Selbstsein als Mitsein erkannt. Als diesen Mangel kann ich persönliche Schuld definieren. Sie wäre aber nicht identisch mit strafrechtlicher Schuld, sondern ihre Grundlage. Das Strafrecht muß für die Entscheidung, ob der Verbotsirrtum verschuldet ist, mit einbeziehen, daß das Unrechtsbewußtsein eine gemeinschaftliche Leistung mehrerer Bewußtseinsindividuen ist. Diese gemeinschaftliche Leistung hatten wir näher charakterisiert als eine Auseinandersetzung eines „Ich" mit einem konkreten Anderen, dem „Du", um Gegenstände der Sachgüterwelt vor den Augen eines Dritten als Zeugen. Dieser Dritte ermöglicht dem „Ich", sich aus der Situation, in die es mit dem „Du" verstrickt ist, zu befreien und so sich selbst und den Anderen als Personen freizugeben und damit sich selbst als Handelnden zu erkennen. Wenn diese Vermittlung nicht stattgefunden hat, kann es auch kein Unrechtsbewußtsein geben, was auch immer das „Ich" dem „Du" antut.

---

[16] BGH 2, 201. Wir haben die Tatsache, daß der BGH hier einen anderen Verbotsirrtum meint als wir, bewußt außer acht gelassen.

[17] Besser BGH 3, 366; DAR 1966, 189.

[18] Der Kreis dieser Delikte wird unterschiedlich bestimmt: *Cüppers*, S. 8, nennt z. B. Verstöße gegen das 5., 6. und 7. Gebot; *Küchenhoff:* kein unversch. Verb. Irrt. im „Bereich fundamentaler Rechtsgrundsätze" (Verb. Irrt., S. 85, Nat. R. u. LiebesR., S. 36 ff.); *Kadecka:* die „natürlichen Verbrechen"; *Kraushaar:* die „fundamentalen Rechtsgrundsätze des menschlichen Zusammenlebens" (S. 335). Zur älteren Auffassung *Weinberg:* Verstoß gegen Gebote der Ethik (S. 35 ff.).

Literaturverzeichnis

Amelung, Knut: Rechtsgüterschutz und Schutz der Gesellschaft. Untersuchungen zum Inhalt und Anwendungsbereich eines Strafrechtsprinzips auf dogmengeschichtlicher Grundlage. Zugleich ein Beitrag zur Lehre von der „Sozialschädlichkeit" des Verbrechens. Frankfurt/M. 1972.

— Buchbesprechung von Marx, Michael: „Zur Definition des Begriffes ‚Rechtsgut'". In: ZStW 84 (1972), S. 1024.

Arndt, Adolf: Umwelt und Recht. 2. Zu den Einsatzgruppen-Prozessen. In: NJW 1964, S. 487.

— Das Verbrechen der Euthanasie. Konstanzer Jur. Tag 1947, S. 184.

Baeyer, Walther v.: Die Freiheitsfrage in der forensischen Psychiatrie. In: Der Nervenarzt 28 (1957), S. 337 ff.

Bar, Ludwig v.: Gesetz und Schuld im Strafrecht. Berlin 1906.

Barella, Max: Die Tötung Geisteskranker im Dritten Reich. In: DRiZ 1960, S. 144 - 149.

Bassenge, Friedrich: Ehre und Beleidigung. Berlin 1937.

Bauer, Fritz: Das Verbrechen und die Gesellschaft. München, Basel 1957.

Baumann, Jürgen: Rechtmäßigkeit von Mordgeboten? In: NJW 1964, 1398 bis 1405.

— Die strafrechtliche Problematik der nationalsozialistischen Gewaltverbrechen. In: Henkys, Die nationalsozialistischen Gewaltverbrechen, 2. Aufl., Stuttgart, Berlin 1965, S. 267 ff.

— Strafrecht, Allgemeiner Teil, 5. Aufl., Bielefeld 1968.

Beimel, Walter: Le Concept de Monde chez Heidegger. Louvain, Paris 1950.

Bemmann, Günter: Zur Frage der objektiven Bedingungen der Strafbarkeit. Göttingen 1957.

Bettiol, Giuseppe: Das Problem des Rechtsgutes in der Gegenwart. In: ZStW 72 (1960), S. 276 ff.

Binding, Karl: Handbuch des Strafrechts, Bd. I, Leipzig 1885.

Bindokat, Heinz: Kritisches zum Verbotsirrtum. In: JZ 1953, S. 71 ff.

Birnbaum, J. M. F.: Über das Erforderniß einer Rechtsverletzung zum Begriffe des Verbrechens, mit besonderer Rücksicht auf den Begriff der Ehrenkränkung. In: Archiv d. Criminalrechts N. F. Bd. I (1834), S. 149 ff.

Bockelmann, Paul: Leitsätze und Fassungsvorschlag zum Thema Beleidigung. In: Niederschriften über die Sitzungen der Großen Strafrechtskommission, 9. Bd. Besonderer Teil, Bonn 1959.

Bollnow, Otto F.: Existenzphilosophie. 3. Aufl., Stuttgart 1949.

Boor, Wolfgang de: Über motivisch unklare Delikte. Berlin - Göttingen - Heidelberg 1959.

Busch, Richard: Über die Abgrenzung von Tatbestands- und Verbotsirrtum. In: Festschrift für Mezger, München, Berlin 1954, 165 - 181.

Buschendorf, Ernest: Die Auswirkungen sexueller Tabus auf die Strafgesetzgebung. In: Die Heilkunst 1968, S. 50 - 59.

Cramer, Peter: Vermögensbegriff und Vermögensschaden im Strafrecht. Bad Homburg, Zürich, Berlin 1968.

Cüppers, Josef: Gedanken zum Problem des Strafrechtsirrtums. In: NJW 1949, 4 - 10.

Danner, Manfred: Gibt es einen freien Willen? Hamburg 1967.

Dohna, A. Graf zu: Unzucht und Beleidigung. In: DStR 1941, 36 ff.

Dreher, Eduard: Verbotsirrtum und § 51 StGB. In: GA 1957, 97 - 100.

Engisch, Karl: Tatbestandsirrtum und Verbotsirrtum bei Rechtfertigungsgründen. In: ZStW 70 (1958), 566 - 615.

— Die Lehre von der Willensfreiheit in der strafrechtsphilosophischen Doktrin der Gegenwart. Berlin 1963.

— Buchbesprechung von: Arth. Kaufmann, Das Unrechtsbewußtsein in der Schuldlehre des Strafrechts. In: JZ 1952, 350.

Exner, Franz: Das Wesen der Fahrlässigkeit. Leipzig, Wien 1910.

Fieseler, Gerhard: Direkter und bedingter Vorsatz. Ein Beitrag zur Sach- und Rechtsanalyse des aktuellen Unrechtsbewußtseins. Diss. Frankfurt/M. 1970.

Frank, Reinhard: Über den Aufbau des Schuldbegriffs. Festschrift für die Juristische Fakultät in Gießen 1907.

Friesenhahn, Ernst: In den 1967 als Sonderdruck („Probleme der Verfolgung und Ahndung von nationalsozialistischen Gewaltverbrechen") veröffentlichten Verhandlungen des 46. Dt. Juristentages, Bd. II, Teil C, S. 7 ff.

Furger, Jürg: Unrechtsbewußtsein, Bewußtsein der Rechtswidrigkeit, Rechtsirrtum. Aarau 1958.

Gillessen, Joachim: Fehlen des Unrechtsbewußtseins bei verantwortungsreifen Jugendlichen als Schuldausschließungs- bzw. Schuldmilderungsgrund im deutschen Strafrecht. Diss. München 1961.

Habermas, Jürgen: Erkenntnis und Interesse. Frankfurt/M. 1968.

Haddenbrock, Siegfried: Die juristisch-psychiatrische Kompetenzgrenze bei Beurteilung der Zurechnungsfähigkeit im Lichte der neueren Rechtsprechung. In: ZStW 75 (1963), S. 460 - 477.

Hanack, Ernst W.: Zur Problematik der gerechten Bestrafung national-sozialistischer Gewaltverbrecher. In: JZ 67, 297 - 303; 329 - 338.

Hardwig, Werner: Sachverhaltsirrtum und Pflichtirrtum. In: GA 1956, 369 - 379.

Hartmann, Klaus: Grundzüge der Ontologie Sartres in ihrem Verhältnis zu Hegels Logik. Berlin 1963.

Hartmann, Nicolai: Ethik. 4. Aufl., Berlin 1962.

Hartung, Fritz: Die Entscheidung des Bundesgerichtshofs zur Frage des Verbotsirrtums. In: NJW 1952, 761 - 765.
— Zweifelsfragen des Verbotsirrtums. In: JZ 1955, 663 - 666.
Heidegger, Martin: Kant und das Problem der Metaphysik. 2. Aufl., Frankfurt/Main 1951.
— Sein und Zeit. 11. Aufl., Tübingen 1967.
— Nietzsche Bd. I. Pfullingen 1961.
Heims, Eduard: Zur Lehre vom Schuldbegriff. In: ZStW 40 (1919), 580 - 591; 743 - 769; 41 (1920), 74 - 120.
Heinemann, Walter: Die Relevanz der Philosophie Martin Heideggers für das Rechtsdenken. Diss. Freiburg/Br. 1970.
Heinitz, Ernst: Franz von Liszt als Dogmatiker. In: ZStW 81, 572 - 596.
Henkel, Heinrich: Einführung in die Rechtsphilosophie. München, Berlin 1964.
Hirsch, Hans-Joachim: Ehre und Beleidigung. Göttingen 1967.
Hirschberg, Max: Die Schutzobjekte der Verbrechen, speziell untersucht an dem Verbrechen gegen den Einzelnen. Eine konstruktiv-dogmatische Studie, zugleich ein Beitrag zur Strafrechtsreform. In: Strafrechtl. Abhandlungen Heft 113, Breslau 1910.
Hohenleitner, Siegfried: Schuld als Werturteil. In: Festschrift für Rittler, Aalen 1957, 185 - 194.
Husserl, Gerhart: Rechtskraft und Rechtsgeltung. I. Bd. Genesis und Grenzen einer Rechtsgeltung. Berlin 1925.
— Der Rechtsgegenstand. Rechtsontologische Studien zu einer Theorie des Eigentums. Berlin 1933.
— Rechtssubjekt und Rechtsperson (1927). In: Recht und Welt. Frankfurt/M. 1964, S, 1 - 67.
— Recht und Welt (1929). In: Recht und Welt. Frankfurt 1964, S. 67 - 115.
— Opfer, Unrecht, Strafe. In: Recht und Zeit. Frankfurt 1955, S. 175 - 225.
— Person, Sache, Verhalten. Frankfurt 1969.
Jäger, Herbert: Strafgesetzgebung und Rechtsgüterschutz bei Sittlichkeitsdelikten. Eine kriminalsoziologische Untersuchung. Stuttgart 1957
Jaspers, Karl: Allgemeine Psychopathologie. 8. Aufl., Berlin 1965.
Ihering, Rudolf von: Der Geist des römischen Rechts auf den verschiedenen Stufen seiner Entwicklung. Bd. III, 4. Aufl., Leipzig 1888.
Jescheck, Hans Heinrich: Lehrbuch des Strafrechts, AT. 2. Aufl., Berlin 1972.
Kadecka, Ferdinand: Ist das Unrechtsbewußtsein ein allgemeines Schuldmerkmal? (1939; 1959). Zit. nach: Kadecka. Gesammelte Aufsätze, herausgegeben v. Rittler u. Nowakowski, Innsbruck 1959.
— Strafrecht und Willensfreiheit. In: ÖJZ 1953, 337 - 342.
Kant, Immanuel: Grundlegung zur Metaphysik der Sitten. 3. Aufl., Hamburg 1965.
— Metaphysik der Sitten. Hamburg 1922/1959.
— Kritik der reinen Vernunft. Hamburg 1956/59. Die Werke von KANT werden zit. nach der Ausgabe von F. Meiner, herausgegeben von K. Vorländer.

Kaufmann, Armin: Schuldfähigkeit und Verbotsirrtum. In: Festschrift für Eb. Schmidt, Göttingen 1961, 319 - 332.
— Die Dogmatik der Unterlassungsdelikte. Göttingen 1959.

Kaufmann, Arthur: Zur Lehre von den negativen Tatbestandsmerkmalen. In: JZ 1954, 653 - 659.
— Das Unrechtsbewußtsein in der Schuldlehre des Strafrechts. Mainz 1949.
— Das Schuldprinzip. Eine strafrechtlich-rechtsphilosophische Untersuchung. Heidelberg 1961.

Kohlhaas, Max: Zweifelsfragen zur Anwendung des § 51 StGB. In: Med. Sachv. 56 (1960), S. 123.

Kraushaar, Reinhold: Das Gewissen im Strafrecht und die Konsequenzen für die Begriffe der Rechtsnorm, der Rechtswidrigkeit sowie die Regelung des Verbotsirrtums. In: GA 1959, 325 ff.

Küchenhoff, Günther: Die staatsrechtliche Bedeutung des Verbotsirrtums. In: Festschrift für Stock, Würzburg 1966, S. 75 - 88.
— Naturrecht und Liebesrecht. 2. Aufl., Hildesheim 1962.

Lampe, Ernst-Joachim: Das personale Unrecht. In: Schriften zum Strafrecht Bd. 7, Berlin 1967.
— Rechtsanthropologie Bd. I. Individualstrukturen in der Rechtsordnung. Berlin 1970.

Lange, Richard: Der juristische Krankheitsbegriff. In: Beiträge zur Sexualforschung 28 (1963).

Lang-Hinrichsen, Dietrich: Tatbestandslehre und Verbotsirrtum (Zur Entscheidung des Bundesgerichtshofs über den Verbotsirrtum). In: JR 1952, 302 - 307; 356 - 358.
— Zur Problematik der Lehre vom Tatbestands- und Verbotsirrtum. In: JR 1952, 184 - 192.
— Die irrtümliche Annahme eines Rechtfertigungsgrundes in der Rechtsprechung des Bundesgerichtshofs. Zugleich ein Beitrag zur Lehre vom Verbotsirrtum. In: JZ 1953, 362 - 367.

Laun, Rudolf von: Recht und Sittlichkeit. 3. Aufl., Berlin 1935.

Leferenz, Heinz: Richter und Sachverständiger. In: Kriminalbiologische Gegenwartsfragen, Heft 5, 1962.

Leipziger Kommentar zum Strafgesetzbuch, 9. Aufl., ab 1970 herausgegeben von Baldus, Paulheinz und Willms, Günther.

Lindner, Karl-Heinz: Die Behandlung des Verbotsirrtums als strafprozeßrechtliches Problem. In: NJW 1960, 657 - 659.

Liszt, Franz von: Rechtsgut und Handlungsbegriff im Bindingschen Handbuche. In: ZStW 6 (1886), 663 - 698.
— Der Begriff des Rechtsgutes im Strafrecht und in der Enzyklopädie der Rechtswissenschaft. In: ZStW 8 (1888), 133 ff.
— Der Zweckgedanke im Strafrecht. In: ZStW 3 (1883), 1 ff.

Liszt, Franz von / *Schmidt*, Eberhard: Lehrbuch des Deutschen Strafrechts. Bd. I Allgem. Teil, 26. Aufl., Berlin und Leipzig 1932.

Litt, Theodor: Das Individuum und die Gemeinschaft. 2. Aufl., Berlin 1924.

Löwith, Karl: Das Individuum in der Rolle des Mitmenschen. 2. Aufl., Darmstadt 1969.

Lukacs, Georg: Geschichte und Klassenbewußtsein. Zit. nach Ausg. Luchterhand, Berlin, Neuwied 1970.

— Zur Ontologie des gesellschaftlichen Seins. Hegels falsche und echte Ontologie. Zit. nach Ausg. Luchterhand, Berlin und Neuwied 1971.

Maihofer, Werner: Vom Sinn menschlicher Ordnung. Frankfurt/M. 1956.

— Recht und Sein. Prolegomena zu einer Rechtsontologie. Frankfurt/M. 1954.

Mangakis, Georgios A.: Das Unrechtsbewußtsein in der strafrechtlichen Schuldlehre nach deutschem und griechischem Recht. Bonn 1954.

— Über das Verhältnis von Strafrechtsschuld und Willensfreiheit. In: ZStW 75 (1963), 500 - 540.

Marx, Michael: Zur Definition des Begriffes „Rechtsgut". Prolegomena zu einer materialen Verbrechenslehre. Köln, Berlin, Bonn, München 1972.

Mattil, Friedrich: Gewissensanspannung. In: ZStW 74 (1962), 201 - 244.

Maurach, Reinhard: Deutsches Strafrecht, Allgemeiner Teil. 4. Aufl., Karlsruhe 1971.

— Deutsches Strafrecht, Besonderer Teil. 5. Aufl., Karlsruhe 1969.

— Das Unrechtsbewußtsein zwischen Kriminalpolitik und Strafrechtsdogmatik. In: Festschrift f. Eb. Schmidt, Göttingen 1961, 301 - 318.

Mayer, Hellmuth: Der Bundesgerichtshof über das Bewußtsein der Rechtswidrigkeit. In: MDR 1952, 392 - 394.

Mergen, Armand: Die Wissenschaft vom Verbrechen. Eine Einführung in die Kriminologie. Hamburg 1961.

Mezger, Edmund: Über Willensfreiheit. München 1947. Sitzungsberichte der Bayerischen Akademie der Wissenschaften, Phil. hist. Klasse 1947, Heft 9.

— Das Verstehen als Grundlage der Zurechnung. München 1951.

— Rechtsirrtum und Rechtsblindheit. In: Festschrift für Kohlrausch, Berlin 1944, 180 - 198.

— Deutsches Strafrecht. Ein Lehrbuch. 3. Aufl., München, Leipzig 1949.

— Wandlungen der strafrechtlichen Tatbestandslehre. In: NJW 1953, 2 - 6.

— Das Typenproblem in Kriminologie und Strafrecht. In: Sitzungsberichte der Bayrischen Akademie der Wissenschaften, Phil. hist. Klasse, Jahrgang 1955, Heft 4.

Mezger, Edmund / *Blei*, Hermann: Strafrecht, Allgemeiner Teil. Ein Studienbuch. 14. Aufl., München 1970.

Mittasch, Helmut: Die Auswirkungen des wertbeziehenden Denkens in der Strafrechtsdogmatik. Berlin 1939.

Niese, W.: Die finale Handlungslehre und ihre praktische Bedeutung. In: DRiZ 1952, 21 ff.

Nowakowski, Friedrich: Vorwort zur ersten Aufl. von Danner, Gibt es einen freien Willen? 2. Aufl., Hamburg 1967.

— Freiheit, Schuld, Vergeltung. In: Festschrift für Rittler, Aalen 1957, 55 - 88.

Nowakowski, Friedrich: Das österreichische Strafrecht in seinen Grundzügen. Graz, Wien, Köln 1955.

Otto, Harro: Rechtsgutsbegriff und Deliktstatbestand. In: Strafrechtsdogmatik und Kriminalpolitik. Herausgeg. v. Heinz Müller-Dietz. Köln, Berlin, Bonn, München 1971.

Platzgummer, Winfried: Bewußtseinsform des Vorsatzes. Eine strafrechtsdogmatische Untersuchung auf psychologischer Grundlage. Wien 1964.

Radbruch, Gustav: Anmerkung zum Urteil des OLG Frankfurt in SJZ 1947, 621 ff. In: SJZ 1947, 633 ff.
— Rechtsphilosophie. 5. Aufl., bearb. v. E. Wolf, Stuttgart 1956.

Reinach, Adolf: Die apriorischen Grundlagen des bürgerlichen Rechts. Zit. nach der 2. Aufl.: Zur Phänomenologie des Rechts. (Geä. Titel) München 1953.

Rittler, Theodor: Lehrbuch des österreichischen Strafrechts. I. Bd., 2. Aufl., Wien 1954.

Roesen, Anton: Rechtsfragen der Einsatzgruppen-Prozesse. In: NJW 1964, 133 ff.

Rosenfeld, Ernst-H.: Schuld und Vorsatz im v. Lisztschen Lehrbuch. In: ZStW 32 (1922), 466 - 491.

Rudolphi, Hans-Joachim: Unrechtsbewußtsein, Verbotsirrtum und Vermeidbarkeit des Verbotsirrtums. Göttingen 1969.
— Die verschiedenen Aspekte des Rechtsgutsbegriffs. In: Festschrift für Honig zum 80. Geburtstag, Göttingen 1970, S. 151 ff.
— Der Begriff der Zueignung. In: GA 1965, 33 - 56.

Salm, Karl: Zur Rechtssprechung des BGH über den strafbefreienden Irrtum. Entwurf einer objektivistischen Schuld- und Irrtumstheorie. In: ZStW 69 (1959), 522 - 579.
— Das versuchte Verbrechen. Studien zum Rechtsguts- und Verbrechensbegriff. Karlsruhe 1957.

Sarstedt, Werner: Der Strafrechtler und der psychiatrische Sachverständige. In: Die Justiz 1962, 110 - 119.

Sauer, Wilhelm: Vorsatz, Irrtum, Rechtswidrigkeit. In: ZStW 51 (1931), 168 ff.

Scheler, Max: Der Formalismus in der Ethik und die materiale Wertethik. 4. Aufl., Bern 1954.

Schewe, Günter: Bewußtsein und Vorsatz. Neuwied und Berlin 1967.

Schmidhäuser, Eberhard: Der Unrechtstatbestand. In: Festschrift für Engisch, Frankfurt/M. 1969, 433 ff.
— Vorsatzbegriff und Begriffsjurisprudenz im Strafrecht. In: Recht und Staat in Geschichte und Gegenwart, Heft 356/7, Tübingen 1968.
— Über Aktualität und Potentialität des Unrechtsbewußtseins. In: Beiträge zur gesamten Strafrechtswissenschaft 1966, 317 - 338, Festschrift für Helmuth Mayer.
— Strafrecht, AT. Lehrbuch. Tübingen 1970.

Schmidt, Eberhard: Einführung in die Geschichte der deutschen Strafrechtspflege. 3. Aufl., Göttingen 1965.

Schneider, Kurt: Die Beurteilung der Zurechnungsfähigkeit. 3. Aufl., Stuttgart 1956.

Schneider, Kurt: Versuch über die Arten der Verständlichkeit. In: Ztschr. f. die ges. Neur. u. Psych. 75 (1921), 323 - 327.
— Klinische Psychopathologie. 6. Aufl., Stuttgart 1962.
Schneider, Werner: Die Vermeidbarkeit des Verbotsirrtums. Diss. Bonn 1964.
Schönke/Schröder: Kommentar zum Strafgesetzbuch. 16. Aufl., München 1971.
Schröder, Horst: Die Irrtumsrechtsprechung des BGH. In: ZStW 65 (1953), 178 - 209.
— Tatbestands- und Verbotsirrtum. In: MDR 1951, 387 - 390.
— Verbotsirrtum, Zurechnungsfähigkeit, actio libera in causa. In: GA 1957, 297 - 304.
Schütz, Alfred: Sartre's Theory of the Alter Ego. Zit. aus: Alfred Schütz, Gesammelte Aufsätze Bd. I (Probleme der sozialen Wirklichkeit), Den Haag 1971, aus dem Amerikanischen übersetzt von Benita Luckmann u. Richard Grathoff.
Schwalm, Georg: Die Schuldfähigkeit nach dem Strafgesetzentwurf 1960. In: MDR 1960, 537 - 542.
Schwan, Alexander: Politische Philosophie im Denken Heideggers. Köln, Opladen 1965 (ordo politicus Bd. 2).
Schwarz, Otto: Zweifelsfragen des Verbotsirrtums. In: NJW 1955, 526 - 528.
Simmel, Georg: Soziologie. Leipzig 1908.
Sina, Peter: Die Dogmengeschichte des strafrechtlichen Begriffes „Rechtsgut". Basel 1962.
Theunissen, Michael: Der Andere. Studien zur Sozialontologie der Gegenwart. Berlin 1965.
Thierfelder, Rudolf: Normativ und Wert in der Strafrechtswissenschaft unserer Tage. Tübingen 1934.
Thomae, H.: Bewußtsein, Persönlichkeit und Schuld. In: Monschr. f. Krim. 44 (1961), 114 - 121.
Thyssen, Johannes: Zur Rechtsphilosophie des Als-Seins. In: ARSP Bd. XLIII (1957), 87 - 96.
Warda, Günter: Zur gesetzlichen Regelung des vermeidbaren Verbotsirrtums. In: ZStW 71 (1959), 252 - 280.
Weinberg, Hans: Der Verbotsirrtum. Bonn 1928.
Welzel, Hans: Anmerkung zu BGHSt 2, 194 ff. In: JZ 1952, 340 - 344.
— Das Deutsche Strafrecht, 11. Aufl., Berlin 1969.
— Gesetzmäßige Judentötungen? In: NJW 1964, 521.
— Vom irrenden Gewissen. In: Recht und Staat, Heft 145, Tübingen 1949.
— Gesetz und Gewissen. In: 100 Jahre deutsches Rechtsleben. Festschrift Deutscher Juristentag Bd. I, Karlsruhe 1960, S. 383 - 400.
— Naturrecht und Rechtspositivismus. In: Festschrift für Niedermayer, Göttingen 1953.
— Naturrecht und materiale Gerechtigkeit. 4. Aufl., Göttingen 1962.
— Zur Abgrenzung des Tatbestandsirrtums vom Verbotsirrtum. In: MDR 1952, 584.

Welzel, Hans: Arten des Verbotsirrtums. In: JZ 1953, 266 - 268.

Wolff, Ernst Amadeus: Ehre und Beleidigung. Zugleich eine Besprechung des gleichnamigen Buches von H. J. Hirsch. In: ZStW 81 (1969), 886 - 911.

Würtenberger, Thomas: Das System der Rechtsgüterordnung in der deutschen Strafgesetzgebung seit 1532. In: Strafrechtl. Abh. Heft 326, Breslau-Neukirch 1933.

— Die geistige Situation der deutschen Strafrechtswissenschaft. 2. Aufl., Karlsruhe 1959.

— Über das Menschenbild im Strafrecht. In: Würtenberger, Kriminalpolitik im sozialen Rechtsstaat, Stuttgart 1970, S. 9 - 26.

Zimmerl, Leopold: Aufbau des Strafrechtssystems. Tübingen 1930.

Zippelius, Reinhold: Wertungsprobleme im System der Grundrechte. München, Berlin 1962.

Printed by Libri Plureos GmbH
in Hamburg, Germany